Stefan Zweig

Amerigo

Die Geschichte eines historischen Irrtums

„Was für ein Irrtum: 1507 schreibt Matthias Ringmann in der „Cosmographiae introductio" das der italienische Seefahrer Americus Vespucci (die latinisierte Form von „Amerigo") den amerikanischen Kontinent entdeckt habe. Daher könne man den Kontinent nach ihm benennen – Americus, oder weiblich: America." *Redaktion Gröls-Verlag* (Edition I Werke der Weltliteratur)

Redaktionelle Hinweise und Impressum

Das vorliegende Werk wurde zugunsten der Authentizität sehr zurückhaltend bearbeitet. So wurden etwa ursprüngliche Rechtschreibfehler regelmäßig *nicht* behoben, denn kleine Unvollkommenheiten machen das Buch – wie im Übrigen den Menschen – erst authentisch. Mitunter wurden jedoch zum Beispiel Absätze behutsam neu getrennt, um den Lesefluss zu erleichtern.

Wir sind bemüht, ein ansprechendes Produkt zu gestalten, welches angemessenen Ansprüchen an das Preis/Leistungsverhältnis und vernünftigen Qualitätserwartungen gerecht wird. Um die Texte zu rekonstruieren, werden antiquarische Bücher von leistungsfähigen Lesegeräten gescannt und dann durch eine Software lesbar gemacht. Der so entstandene Text wird von Menschen gegen eine Aufwandsentschädigung gegengelesen und korrigiert – Hierbei können gelegentlich Fehler auftreten. Wenn Sie ebenfalls antiquarische Texte einreichen möchten, wenden Sie sich für weitere Informationen gerne an

www.groels.de

Informieren Sie sich dort auch gerne über die anderen Werke aus unserer

Edition I Bedeutende Werke der Weltliteratur

Sie werden es mit 98,084 %iger Wahrscheinlichkeit nicht bereuen.

Die Deutsche Nationalbibliothek verzeichnet dieses Werk in der Deutschen Nationalbibliografie.

Verleger: Marcel Hermann-Josef Gröls, Poelchaukamp 20, 22301 Hamburg.
Externer Dienstleister für Distribution und Herstellung: BoD, In de Tarpen 42, 22848 Norderstedt

Inhalt

Nach welchem Manne ist Amerika „Amerika“ benannt?

Diese Frage beantwortet schon jedes Schulkind stramm und unbedenklich: nach Amerigo Vespucci.

Aber die zweite Frage wird selbst die Erwachsenen schon zögernder und unsicherer finden, die Frage: Warum eigentlich wurde dieser Weltteil gerade auf Amerigo Vespuccis Vornamen getauft? Weil Vespucci Amerika entdeckte? Er hat es niemals entdeckt! Oder vielleicht, weil er als erster statt bloß der vorgelegenen Inseln das eigentliche Festland betreten? Auch deshalb nicht, denn nicht Vespucci hat als erster den Kontinent betreten, sondern Columbus und Sebastian Cabot. Also dann vielleicht, weil er trügerisch behauptet hat, als erster hier gelandet zu sein? Vespucci hat nie diesen Rechtstitel bei irgendeiner Instanz angemeldet. Oder weil er als Gelehrter und Kartograph diesen seinen Namen für dieses Land ehrgeizig vorgeschlagen? Nein, auch dies hat er niemals getan und wahrscheinlich zeit seines Lebens nie von dieser Namensgebung erfahren. Aber warum, wenn er nichts von all dem geleistet, warum fiel gerade ihm die Ehre zu, seinen Namen für alle Zeiten zu verewigen? Warum heißt dann Amerika nicht Columbia, sondern Amerika?

Wie dies kam, ist ein richtiger Rattenkönig von Zufällen, Irrtümern und Mißverständnissen, diese Geschichte eines Mannes, der auf Grund einer Reise, die er nie gemacht hat und die gemacht zu haben er selbst nie behauptet hat, den ungeheuren Ruhm erbeutete, seinen Vornamen zum Namen des vierten Weltteils unserer Erde zu erheben. Seit vier Jahrhunderten verwundert und verärgert diese Namensgebung die Welt. Immer wieder wird Amerigo Vespucci beschuldigt, durch unlautere und dunkle Machinationen diese Ehre sich heimtückisch erschlichen zu haben; und vor immer neuen gelehrten Instanzen ist dieser Prozeß wegen „Betrugs auf Grund Vorspiegelung falscher Tatsachen“ abgehandelt worden. Die einen haben Vespucci freigesprochen, die andern ihn zu ewiger Schande verurteilt, und je apodiktischer seine Verteidiger ihn für unschuldig erklärten, um so leidenschaftlicher haben seine Gegner ihn der Lüge, der Fälschung und des Diebstahls bezichtigt. Heute füllen diese Polemiken mit allen ihren Hypothesen und Beweisen und Gegenbeweisen schon eine ganze Bibliothek; den einen gilt der Taufpate Amerikas als „*amplificator mundi*“, als einer der großen Erweiterer unserer Welt, als Entdecker, als Seefahrer, als Gelehrter hohen Ranges, den andern als der frechste Betrüger und Gaukler in der Geschichte der Erdkunde.

Auf welcher Seite liegt die Wahrheit – oder sagen wir vorsichtiger: die äußerste Wahrscheinlichkeit?

Nun ist der Fall Vespucci heute längst kein fachgeographisches und kein philologisches Problem mehr. Es ist ein Denkspiel, an dem jeder Neugierige sich versuchen kann, und überdies ein leicht übersehbares Spiel, weil ein Spiel mit wenigen Steinen, denn das ganze uns bekannte literarische Opus Vespuccis umfaßt mit allen Dokumenten in summa vierzig bis fünfzig Seiten. So schien es auch mir verstattet, hier die Figuren noch einmal aufzustellen und die berühmte Meisterpartie der Geschichte mit allen ihren überraschenden und ihren Fehlzügen Zug um Zug noch einmal durchzuspielen.

Die einzige Forderung geographischer Art, die meine Darstellung an den Leser stellt, ist: alles, was er an Geographie dank unserer kompletten Atlanten weiß, zu vergessen und von seiner inneren Landkarte Form, Gestalt, ja Vorhandensein Amerikas zunächst einmal gänzlich auszulöschen. Nur wer vermag, sich das Dunkel, die Ungewißheit jenes Jahrhunderts in die Seele zu senken, kann die Überraschung, den Enthusiasmus jener Generation nachfühlen, als die ersten Konturen einer ungeahnten Erde aus dem bisher Uferlosen sich abzuzeichnen begannen. Wo aber die Menschheit etwas Neues erkennt, will sie es benennen. Wo sie Begeisterung fühlt, will sie ihre Lust in einem Jubelruf sich von den Lippen schwingen. So war es ein Glückstag, als der Wind des Zufalls ihr plötzlich einen Namen entgegenwarf; und ohne nach Recht oder Unrecht zu fragen, nahm sie ungeduldig das klingende, schwingende Wort und grüßte ihre neue Welt mit dem neuen, mit ihrem ewigen Namen Amerika.

Die historische Situation

Anno 1000. Ein schwerer, dumpfer Schlaf liegt über der abendländischen Welt. Die Augen sind zu müde, um wachend um sich zu schauen, die Sinne zu erschöpft, neugierig sich zu regen. Der Geist der Menschheit ist gelähmt wie nach einer tödlichen Krankheit, sie will nichts mehr wissen von ihrer Welt. Und noch sonderbarer: Selbst was sie vordem wußte, hat sie auf unbegreifliche Weise vergessen. Man hat verlernt zu lesen, zu schreiben, zu rechnen, sogar die Könige und Kaiser des Abendlandes sind nicht mehr imstande, ihren eigenen Namen unter ein Pergament zu setzen. Die Wissenschaften sind zu theologischen Mumien erstarrt, die irdische Hand ist nicht mehr fähig, in Zeichnung und Plastik den eigenen Körper nachzubilden. Über allen Horizonten liegt gleichsam ein undurchdringlicher Nebel. Man reist nicht mehr, man weiß nichts von fremden Ländern; man verschanzt sich in Burgen und Städten gegen die wilden Völker, die immer und immer wieder von Osten hereinbrechen. Man lebt in der Enge, man lebt im Dunkel, man lebt ohne Mut – ein schwerer, dumpfer Schlaf liegt über der abendländischen Welt.

Manchmal dämmert in diesen schweren, dumpfen Schlummer ein ungewisses Erinnern, daß die Welt einmal anders gewesen, weiter, farbiger, lichter, beschwingter, erfüllt von Geschehnis und Abenteuer. Sind nicht einmal Straßen durch all die Länder gegangen und auf ihnen die römischen Legionen geschritten und hinter ihnen die Liktoren, die Hüter der Ordnung, die Männer des Rechts? Ist nicht einmal ein Mann Caesar gewesen, der zugleich Ägypten und Britannien erobert, sind nicht die Triremen gefahren in die Länder jenseits des Mittelmeers, in das sich längst kein Schiff mehr wagt aus Angst vor den Piraten? War nicht einstmals ein König Alexander bis nach

Indien gedrungen, dies sagenhafte Land, und über Persien heimgekehrt? Hat es nicht vormals Weise gegeben, die in den Sternen zu lesen verstanden, um die Form der Erde wußten und um das Geheimnis der Menschen? Man müßte darüber lesen in den Büchern. Aber es gibt keine Bücher mehr. Man müßte reisen und fremde Länder sehen. Aber es gibt keine Straßen mehr. Es ist alles vorüber. Es war vielleicht nur ein Traum.

Und dann: wozu sich mühen? Wozu noch einmal die Kräfte spannen, da doch alles zu Ende ist? Im Jahre 1000, so ist es verkündet, wird die Welt zugrundegehen. Gott hat sie gerichtet, weil sie zu viele Sünden begangen, so predigen die Priester von den Kanzeln, und am ersten Tage des Jahrtausends wird der Tag des großen Gerichts beginnen; verstört, in zerrissenen Kleidern, strömen die Menschen zusammen zu großen Prozessionen, brennende Kerzen in den Händen. Die Bauern verlassen die Felder, die Reichen verkaufen und verschwenden ihre Habe. Denn morgen werden sie kommen, die Reiter der Apokalypse auf ihren fahlen Rossen; der Jüngste Tag ist nahe. Und Tausende und Tausende knien nachts, diese letzte Nacht, in den Kirchen und warten auf den Sturz in die ewige Finsternis.

Anno 1100. Nein, die Welt ist nicht untergegangen. Gott ist noch einmal gnädig gewesen mit seiner Menschheit. Sie darf weiterleben. Sie soll weiterleben, um seine Güte, seine Größe zu bezeugen. Man muß ihm danken für seine Gnade. Man muß seinen Dank gegen den Himmel heben wie eine betende Hand, und so steigen die Dome auf, die Kathedralen, diese steinernen Pfeiler des Gebets. Und man muß Christus, dem Mittler seiner Gnade, seine Liebe bekunden. Darf man es weiter dulden, daß der Ort seines Leidens und sein heiliges Grab in den ruchlosen Händen der Heiden bleiben? Auf, Ritter des Abendlands, auf, ihr Gläubigen alle, ins Morgenland! Habt ihr den Ruf nicht gehört: „Gott will es!“? Heraus aus den Burgen, den Dörfern, den Städten, vorwärts und vorwärts zum Kreuzzug über Land und See!

Anno 1200. Das heilige Grab ist erobert und wieder verloren. Vergeblich die Kreuzfahrt und doch nicht vergeblich. Denn Europa ist wach geworden auf dieser Fahrt. Es hat seine eigene Kraft gespürt, seinen eigenen Mut gemessen, es hat wieder entdeckt, wieviel Neues und Anderes auf dieser Welt Gottes Raum und Heimat hat, andere Räume, andere Früchte, andere Stoffe und Menschen und Tiere und Sitten unter anderem Himmel. Erstaunt, beschämt haben die Ritter und ihre Bauern und Knechte im Morgenland gesehen, wie eng, wie dumpf sie daheim leben in ihrem abendländischen Winkel, und wie reich, wie raffiniert, wie üppig die Sarazenen.

Diese Heiden, die man von ferne verachtet, haben glatte, weiche, kühle Stoffe aus indischer Seide, die dichten und farbenfunkelnden Teppiche von Buchara, sie haben Gewürze und Kräuter und Düfte, welche die Sinne erregen und beschwingen. Ihre Schiffe fahren in die fernsten Länder, Sklaven und Perlen und schimmernde Erze zu bringen, ihre Karawanen ziehen die Straßen auf endlosen Reisen entlang; nein, sie sind keine rohen Gesellen, wie man vermeint, sie kennen die Erde und ihr Geheimnis. Sie haben Karten und Tafeln, auf denen alles geschrieben und verzeichnet ist. Sie haben Weise, die den Lauf der Sterne kennen und die Gesetze, nach denen sie sich bewegen. Sie haben Länder und Meere erobert, allen Reichtum, allen Handel, alle Lust des Daseins an sich gerissen und sind doch nicht bessere Krieger als die deutsche, die französische Ritterschaft.

Wie haben sie es gemacht? Sie haben gelernt. Sie haben Schulen und in den Schulen die Schriften, die alles überliefern und erklären. Sie wissen die Weisheit der alten Gelehrten des Abendlands und haben sie gemehrt mit neuen Kenntnissen. Man muß also lernen, um die Welt zu erobern. Man darf nicht nur in Turnieren und wüsten Schlemmereien seine Kraft vertun, man muß auch den Geist biegsam und scharf und wendig machen wie eine Toledanerklinge. Also lernen, denken, studieren, beobachten! In ungeduldigem Wettlauf reiht sich eine Universität neben die andere, in Siena und Salamanca, in Oxford und Toulouse, jedes Land Europas will die Wissenschaft zuerst für sich; nach Jahrhunderten der Gleichgültigkeit versucht der abendländische Mensch wieder das Geheimnis der Erde, des Himmels und des Menschen zu ergründen.

1300. Europa hat die theologische Kapuze abgerissen, die ihm den freien Blick in die Welt verschlossen. Es hat keinen Sinn, immer nur über Gott zu grübeln, keinen Sinn, immer nur die alten Texte scholastisch neu auszulegen und zu diskutieren. Gott ist der Schöpfer, und da er den Menschen nach seinem Ebenbilde geschaffen, will er ihn schöpferisch. In allen Künsten, allen Wissenschaften sind noch Vorbilder hinterlassen von den Griechen, den Römern; man kann sie vielleicht erreichen, man kann wieder können, was die Antike einstmals konnte. Mag sein, man kann sie sogar übertreffen. Ein neuer Mut entzündet sich im Abendlande. Man beginnt wieder zu dichten, zu malen, zu philosophieren, und siehe, es gelingt. Es gelingt wunderbar. Ein Dante ersteht und ein Giotto, ein Roger Bacon und die Meister der Dome. Kaum daß er zum erstenmal die lang entwöhnten Schwingen gerührt, durchstößt der befreite Geist alle Fernen und Weiten.

Aber warum bleibt unter ihm die Erde so eng? Warum die irdische, die geographische Welt so begrenzt? Überall ist das Meer und das Meer und das Meer um alle Küsten und damit das Unbekannte und Unbetretbare, dieser unübersehbare Ozean, „*ultra nemo scit quid continеatur*“, von dem niemand weiß, was er verbirgt. Einzig gen Süden geht über Ägypten ein Weg nach den Traumländern Indiens, aber der ist gesperrt von den Heiden. Und über die Säulen des Herkules, die Enge von Gibraltar, darf kein Sterblicher sich wagen. Ewig wird sie das Ende aller Abenteuer bedeuten, nach Dantes Wort:

„... quella foce stretta
Ov'Ercole segnò li suoi riguardi
Acciocchè l'uom più oltre non si metta.“

Ach, kein Weg führt hinaus ins „*mare tenebrosum*“, kein Schiff wird wiederkehren, das seinen Kiel in diese dunkle Wüste wendet. Der Mensch muß leben in einem Raume, den er nicht kennt; man ist eingeschlossen in eine Welt, deren Maß und Gestalt man wohl nie ergründen wird.

1298. Zwei alte, bärtige Männer, begleitet von einem jungen, offenbar Sohn eines dieser beiden, landen mit einem Schiff in Venedig. Sie tragen sonderbare Kleider, wie man sie niemals am Rialto gesehen, lange dicke Röcke, mit Pelzen verbrämt, und merkwürdige Behänge. Aber noch sonderbarer: diese drei Fremden sprechen den echtesten venezianischen Dialekt und behaupten Venezianer zu sein, Polo zu heißen, und Marco Polo nennt sich der jüngere.

Es ist natürlich nicht ernst zu nehmen, was sie erzählen. Sie seien vor mehr als zwei Jahrzehnten von Venedig durch die moskowitischen Reiche, durch Armenien und Turkestan bis nach Mangi, nach China gekommen und hätten dort gelebt am Hofe des mächtigsten Herrschers der Erde, des Kubla Khan. Sie hätten sein ganzes riesiges Reich durchwandert, gegen das Italien sei wie eine Nelke neben einem Baumstamm, sie seien an den Rand der Welt gekommen, wo wieder der Ozean ist. Und wie der große Khan nach Jahren sie mit vielen Geschenken aus seinen Diensten entlassen, seien sie von diesem Ozean nach der Heimat zurückgefahren, zuerst vorbei an Zipangu und den Inseln der Gewürze und der großen Insel Tapropane (Ceylon) und dann an dem persischen Meerbusen, und glücklich heimgekehrt über Trapezunt.

Die Venezianer hören die drei an und lachen. Was für muntere Märchenerzähler! Noch nie ist ein Christ glaubhafterweise zu jenem

Ozean am anderen Ende gelangt und hat jene Inseln Zipangu und Tapropane betreten! Unmöglich. Aber die Polos laden Gäste in ihr Haus und zeigen die Geschenke und Edelsteine; staunend erkennen die voreiligen Zweifler, daß ihre Landsleute die kühnste Entdeckung ihrer Zeit vollbracht. Rauschend strömt ihr Ruf durch das Abendland und beschwingt neu die Hoffnung: es ist doch möglich, nach Indien zu gelangen. Man kann diese reichsten Regionen der Erde erreichen und dann weiter von dort bis an das andere Ende der Welt.

1400. Indien erreichen, das ist jetzt der Traum des Jahrhunderts geworden. Und es ist der Lebenstraum eines einzelnen Mannes, des Prinzen Enrique von Portugal, den die Geschichte Heinrich den Seefahrer nennt, obwohl er selbst nie den Ozean befahren. Aber sein Leben und Streben gilt diesem einen Traum, „*pasar a donde nascen las especerias*", die indischen Inseln, die Molukken erreichen, wo der kostbare Zimt und Pfeffer und Ingwer gedeihen, den die italienischen und flandrischen Händler jener Tage mit Gold aufwiegen.

Die Ottomanen haben das Rote Meer, den nächsten Weg, den „Rumis", den Ungläubigen, verschlossen und den ergiebigen Handel als Monopol entrissen. Wäre es nicht eine einträgliche und zugleich christliche Kreuzzugstat, den Feinden des Abendlands in den Rücken zu fallen? Könnte man nicht vielleicht Afrika umschiffen, um zu den Gewürzinseln zu gelangen? In alten Büchern geht ja sonderbare Kunde von einem phönizischen Schiff, das vor Hunderten Jahren in zweijähriger Reise vom Roten Meer rund um Afrika nach Karthago heimgekehrt. Könnte das nicht abermals gelingen?

Der Prinz Enrique versammelt um sich die Gelehrten seiner Zeit. Er hat auf dem äußersten Punkte Portugals, dem Kap Sagres, wo das unendliche atlantische Meer hoch an die Klippen schäumt, sich ein Haus errichtet, in dem er Karten und nautische Nachrichten sammelt; einen nach dem andern der Astronomen, der Piloten beruft er zu sich. Die älteren Gelehrten erklären jede Seefahrt über den Äquator unmöglich. Sie berufen sich auf Aristoteles und Strabo und Ptolemäus, die Weisen des Altertums. In der Nähe des Wendekreises werde das Meer dickflüssig, ein „ *mare pigrum*“, und die Schiffe würden verbrennen im steilen Sonnenbrand. Niemand könne in diesen Zonen wohnen, kein Baum und kein Grashalm gedeihen; die Seeleute müßten verschmachten zur See und verhungern auf dem Land.

Aber da sind andere Gelehrte, jüdische und arabische, die widersprechen. Man könne es wagen. Diese Märchen seien nur ausgestreut von den maurischen Kaufleuten, um die Christen zu entmutigen. Der große Geograph Edrisi habe längst festgestellt, daß im Süden ein fruchtbares Land liege, Bilad Ghana (Guinea), aus dem mit Karawanen quer durch die Wüste die Mauren sich schwarze Sklaven holten. Und sie hätten Karten gesehen, arabische Karten, die den Weg um Afrika zeigten. Man könne es wagen, die Küste entlang zu fahren, nun da die neuen Instrumente die Breitenbestimmung erlaubten und die aus China herübergebrachte Magnetnadel die Richtung des Pols zeige. Man könne es wagen, sofern man größere, seetüchtigere Schiffe baue. Prinz Enrique gibt den Befehl. Und das große Wagnis beginnt.

1450. Das große Wagnis hat begonnen, die unsterbliche portugiesische Tat. 1419 ist Madeira entdeckt oder vielmehr wiederentdeckt, 1435 kennt man die langgesuchten „ *insulae fortunatae*“ der Alten. Jedes Jahr fast bringt neuen Vorstoß. Cap Verde ist umfahren, 1445 der Senegal erreicht, und siehe, überall sind Palmen und Früchte und Menschen. Jetzt weiß die neue Zeit schon mehr als die Weisen der Vorzeit, und triumphierend kann Nuno Tristão von seiner Expedition zurückberichten, er habe „mit Verlaub seiner Gnaden des Ptolemäus“ fruchtbares Land entdeckt, wo der große Grieche jede Möglichkeit bestritten. Zum erstenmal seit einem Jahrtausend wagt ein Seefahrer den Allweisen der Erdkunde zu verhöhnen. Einer dieser neuen Helden übertrifft den andern, Diego Cam und Diniz Diaz, Cadamosto und Nuno Tristão, jeder setzen sie an eine bisher unbetretene Küste den stolzen Gedenkstein mit dem portugiesischen Kreuz als Zeichen der Besitznahme. Staunend folgt die Welt dem Vorstoß dieses kleinen Volks ins Unbekannte, das allein das *„feito nunca feito"*, die nie getane Tat vollbringt.

1486. Triumph! Afrika ist umfahren! Bartholomäus Diaz hat das Cap Tormentoso, das Kap der Guten Hoffnung, umrundet. Von dort geht der Weg nicht mehr weiter nach Süden. Nur nach Osten quer über den Ozean muß man mit den guten Monsunen steuern, den Weg, den man bereits von den Karten kennt, die dem König von Portugal die Expedition zweier jüdischer Gesandten an den „Prester John", den christlichen König von Abessinien, heimgebracht; dann ist Indien erreicht. Aber die Mannschaft des Bartholomäus Diaz ist erschöpft und bringt ihn damit um eine Tat, die Vasco da Gama vollbringen wird. Genug für diesmal! Der Weg ist gefunden. Niemand kann Portugal mehr zuvorkommen.

1492. Doch! Es ist jemand Portugal zuvorgekommen. Etwas Unglaubliches hat sich ereignet. Ein gewisser Colón oder Colom oder Colombo – „ *Christophorus quidam Colonus vir Ligurus*", wie Petrus Martyr berichtet –, „ein völlig unbekannter Mann", „ *una persona que ninguna persona conocía*", wie ein anderer berichtet, ist unter spanischer Flagge westwärts in den offenen Ozean statt ostwärts über Afrika gefahren und hat – Wunder ohnegleichen! – auf diesem „ *brevissimo cammino*" nach seiner Aussage Indien erreicht. Zwar hat er den Kubla Khan Marco Polos nicht angetroffen, aber er ist nach seiner Aussage zuerst auf der Insel Zipangu (Japan) gewesen und dann in Mangi (China) gelandet. Nur einige Tagereisen, und er hätte den Ganges erreicht.

Europa staunt auf, da Columbus zurückkehrt mit merkwürdig rötlichen Indern, mit Papageien und seltsamem Getier und großen Erzählungen vom Golde. Sonderbar, sonderbar – so ist die Erdkugel doch kleiner als man gedacht, und Toscanelli hat wahr gesprochen. Drei Wochen muß man nur von Spanien oder Portugal nach Westen steuern, und man ist in China oder Japan und ganz nahe den Inseln der Gewürze; welche Torheit dann, wie die Portugiesen sechs Monate um Afrika zu segeln, da Indien mit all seinen Schätzen so nah vor den Toren Spaniens liegt. Und das Erste ist, daß Spanien sich durch päpstliche Bulle diesen Weg nach Westen und alle dort entdeckten Lande sichert.

1493. Columbus, nun aber nicht mehr ein gewisser „ *quidam*“, sondern Großadmiral ihrer königlichen Majestät und Vizekönig der neuentdeckten Provinzen, fährt zum zweitenmal nach Indien. Er hat Briefe seiner Königin an den großen Khan mit, den er diesmal in China sicher anzutreffen hofft; er hat fünfzehnhundert Leute mit sich, Krieger, Matrosen, Siedler und sogar Musikanten, „um die Eingeborenen zu unterhalten“, außerdem reichlich eisenbeschlagene Kisten für das Gold und die Edelsteine, die er aus Zipangu und Calicut heimzubringen gedenkt.

1497. Ein anderer Seefahrer, Sebastian Cabot, ist quer von England über den Ozean gefahren. Und erstaunlich, auch er hat Land erreicht. Ist es das alte „Vinland“ der Vikinger? Ist es China? Wunderbar jedenfalls, der Ozean, der „ *mare tenebroso*“ ist bezwungen und muß seine Geheimnisse Stück um Stück den Mutigen jetzt ausliefern.

1499. Jubel in Portugal, Sensation in Europa! Vasco da Gama ist heimgekehrt aus Indien über das gefährliche Kap. Er hat den andern, den weiteren, den schwierigeren Weg genommen, aber ist in Calicut gelandet bei den sagenhaft reichen Zamorims und nicht nur wie Columbus auf kleinen Inseln und abgelegenem Festland: er hat das

Herz Indiens gesehen und seine Schatzkammern. Schon rüstet man eine neue Expedition unter Cabral. Spanien und Portugal sind jetzt im Wettlauf um Indien.

1500. Ein neues Geschehnis. Cabral ist auf seiner Fahrt um Afrika zu weit nach Westen ausgewichen und ist abermals auf Land im Süden gestoßen wie Cabot im Norden. Ist es die Insel Antilla, die sagenhafte der alten Karten? Ist es abermals Indien?

1502. Es ereignet sich zu viel, als daß man es fassen, begreifen, übersehen könnte; in diesem einen Jahrzehnt ist mehr entdeckt worden als vordem in Tausenden Jahren. Ein Schiff nach dem andern fährt aus dem Hafen, und jedes bringt neue Botschaft heim. Es ist, als ob ein zauberischer Nebel plötzlich zerrissen wäre: überall im Norden, im Süden taucht Land, überall eine Insel auf, wohin sich der Kiel nach Westen wendet; der Kalender mit all seinen Heiligen hat nicht mehr genug Namen, sie alle zu benennen. Ihrer tausend behauptet der Admiral Columbus allein entdeckt und die Ströme gesehen zu haben, die aus dem Paradies entspringen. Aber sonderbar, sonderbar!

Wieso waren all diese Inseln, diese merkwürdigen Länder an der indischen Küste den Alten und den Arabern unbekannt? Wieso hat Marco Polo sie nicht erwähnt, und wie anders ist, was er von Zipangu und Zaitun berichtet, als was der Admiral gefunden? All das ist so wirr und so widersprechend und voll Geheimnis, daß man nicht weiß, was man glauben soll von diesen Inseln im Westen. Ist wirklich die Welt schon umrundet, ist Columbus tatsächlich schon so nahe dem Ganges gewesen, wie er behauptet, daß er, von Westen kommend, Vasco da Gama begegnen könnte, wenn er von Osten segelt? Ist das Erdrund kleiner, ist es größer als man gedacht? Da haben die deutschen Buchdrucker doch jetzt Bücher so leicht erreichbar gemacht – wenn nur endlich einer käme, all diese Wunder zu erklären! Ungeduldig warten die Gelehrten, die Seefahrer, die Kaufleute, die

Fürsten, wartet Europa. Nach all den Entdeckungen will die Menschheit endlich wissen, was sie entdeckt hat. Die entscheidende Tat des Jahrhunderts, so fühlt jeder einzelne, ist vollbracht, aber es fehlen ihr noch der Sinn und die Deutung.

Für zweiunddreißig Seiten Unsterblichkeit

1503 flattern beinahe gleichzeitig in den verschiedensten Städten – Paris, Florenz, man weiß nicht, in welcher zuerst – ein paar bedruckte Blätter auf, vier bis sechs im ganzen, › *Mundus Novus*‹ betitelt. Als Verfasser dieses lateinisch geschriebenen Traktats wird bald ein Albericus Vespucius oder Vesputius genannt, der in der Form eines Briefes an Laurentius Petrus Franciscus de Medici über eine Reise berichtet, die er in bisher unbekannte Länder im Auftrag des Königs von Portugal unternommen habe. Solche brieflichen Berichte über Entdeckungsreisen sind in der damaligen Zeit nicht selten. Alle großen Handlungshäuser Deutschlands, Hollands und Italiens, die Welser, die Fugger, die Medici, und außerdem noch die Signoria von Venedig haben ihre Korrespondenten in Lissabon und Sevilla, die ihnen Nachricht über jede gelungene Expedition nach Indien zum Zwecke geschäftlicher Orientierung geben; diese Briefe ihrer Handelsattachés sind, weil sie eigentlich Geschäftsgeheimnisse vermitteln, sehr gesucht, und ihre Abschriften werden ebenso wie die Karten – die Portolane – der neugefundenen Küsten als Wertobjekte gehandelt. Manchmal fällt eine dieser Abschriften einem geschäftstüchtigen Buchdrucker in die Hand, der sie dann sofort in seiner Presse vervielfältigt. Und diese Flugblätter, welche für das große Publikum die damals noch nicht etablierte Zeitung ersetzen, indem sie interessante Neuigkeiten der Öffentlichkeit rasch zugänglich machen wollen, werden dann zwischen Ablaßzetteln und medizinischen Rezepten auf den Jahrmärkten verkauft. Ein Freund legt sie dem andern in Briefen, in Paketen bei; so erlangt ab und zu ein ursprünglicher Privatbrief eines Faktors an seinen Chef die Öffentlichkeit eines gedruckten Buchs.

Von all diesen Flugblättern der Zeit hat seit dem ersten Brief des Columbus von 1493, der seine Ankunft an den Inseln „nahe des Ganges“ meldete, keines solch allgemeines und keines folgenreicheres Aufsehen erregt als diese vier Blätter des bishin völlig unbekannten Albericus. Schon der Text kündigt eine gewisse Sensation an. Dieser Brief sei „ *ex italica in latinam linguam*“, aus dem Italienischen ins Lateinische übersetzt, „damit alle Gebildeten gewahr werden können, wieviele wunderbare Dinge in diesen Tagen entdeckt würden“ (*quam multa miranda in dies reperiantur*), wieviel bis zum heutigen Tage unbekannte Welten aufgefunden und was alles in ihnen enthalten sei (*quanto a tanto tempore quo mundus cepit ignota sit vastitas terrae et quod continetur in ea*).

Diese marktschreierische Ankündigung ist an sich schon ein kräftiger Köder für die nach Nachrichten hungrige Welt; das kleine Flugblatt findet demgemäß reißenden Absatz. Es wird in den entlegensten Städten mehrmals nachgedruckt, ins Deutsche, ins Holländische, Französische, Italienische übersetzt und sofort in alle Sammlungen von Reiseberichten, wie sie jetzt in allen Sprachen zu erscheinen beginnen, aufgenommen; es ist ein Markstein, wenn nicht sogar der Grundstein der neuen Geographie für die noch ahnungslose Welt.

Der große Erfolg dieses winzigen Büchleins ist vollkommen verständlich. Denn dieser unbekannte Vespucius ist der erste von all den Seefahrern, der gut und amüsant zu erzählen versteht. Was sonst auf solchen Abenteurerschiffen sich zusammentut, sind analphabetische Strandläufer, Soldaten und Matrosen, die nicht einmal ihren eigenen Namen zu unterzeichnen wissen, vielleicht allenfalls noch ein excribano, ein trockener Jurist, der nur Fakten kalt aneinanderreiht, oder ein Pilot, der Längengrade und Breitengrade notiert.

Das große Publikum ist also noch zur Wende des Jahrhunderts ganz unbelehrt über das, was in diesen fernen Geländen eigentlich entdeckt worden ist. Und da kommt nun ein glaubhafter und sogar gelehrter Mann, der nicht übertreibt und fabuliert, sondern redlich berichtet, wie er am 14. Mai 1501 im Auftrag des Königs von Portugal über das große Weltmeer gefahren sei, zwei Monate und zwei Tage lang unter einem Himmel, der so dunkel und stürmisch war, daß man weder Sonne noch Mond habe erblicken können. Er läßt den Leser all die Schrecknisse miterleben, er erzählt, wie sie schon alle Hoffnung auf glückliche Landung aufgegeben hätten in ihren lecken und von den Würmern bereits durchhöhlten Schiffen; da hätten sie dank seiner Geschicklichkeit als Kosmograph endlich am 7. August 1501 – das Datum ist anders als in seinen anderen Berichten, aber an solche Ungenauigkeiten muß man sich bei diesem gelehrten Manne gewöhnen – Land gesehen, und welch ein gesegnetes Land! Arbeit und Qual sei hier für den Menschen nicht vonnöten. Die Bäume bedürfen keiner Pflege und geben Früchte im Überfluß, die Flüsse und Quellen reines, gutes Wasser; das Meer ist voller Fische, die Erde unglaublich fruchtbar und strotzend von wohlschmeckenden und völlig unbekannten Früchten; kühle Brisen wehen über das reiche Land, und die dichten Wälder machen auch die sonnigsten Tage erquicklich.

Tausenderlei Getier und Vögel gebe es hier, von dessen Vorhandensein Ptolemäus nie eine Ahnung gehabt. Die Menschen leben noch im vollen Zustand der Unschuld; sie seien rötlicher Hautfarbe, und zwar, erklärt der Reisende, weil sie von der Geburt bis zum Tode nackt gehen und derart von der Sonne gebräunt werden; sie besitzen weder Kleider noch Schmuck noch irgendwelches Eigentum. Alles gehöre ihnen gemeinsam, auch die Frauen, von deren jederzeit gefälliger Sinnlichkeit der gelehrte Herr ziemlich pikante Anekdoten serviert.

Scham und sittliche Gebote seien diesen Naturkindern völlig fremd, der Vater schläft mit der Tochter, der Bruder mit der Schwester, der Sohn mit der Mutter; es gibt keine Ödipuskomplexe, keine Hemmungen, und doch werden sie hundertundfünfzig Jahre alt, falls sie nicht – dies ihre einzige unfreundliche Eigenschaft – sich zuvor kannibalisch verzehren. Kurzum, „wenn es irgendwo das irdische Paradies gibt, so kann es nicht weit von hier sein". Ehe Vesputius von Brasilien – denn dies ist das geschilderte Paradies – Abschied nimmt, ergeht er sich noch ausführlich über die Schönheit der Sterne, die in andern Bildern und Zeichen über dieser gesegneten Hemisphäre leuchten, und verspricht, späterhin noch mehr von dieser und anderen Reisen in einem Buche zu berichten, „damit ein Erinnern an ihn an die Nachwelt komme" (*ut mei recordatio apud posteros vivat*) und man „Gottes wunderbare Werke auch in diesem bisher unbekannten Teile seiner Erde erkenne".

Man kann das Aufsehen verstehen, das dieser lebendige, farbige Bericht bei den Zeitgenossen erregt. Denn nicht nur die Neugier nach diesen unbekannten Zonen wird gleichzeitig befriedigt und angestachelt; unbewußt hat mit dem einen Wort, daß „das irdische Paradies, wenn es irgendwo existiere, nicht weit von hier sein könne", dieser Vesputius an eine der geheimnisvollsten Hoffnungen seiner Epoche gerührt. Längst hatten die Kirchenväter, besonders die griechischen Theologen, die These aufgestellt, Gott habe nach Adams Sündenfall das Paradies keineswegs zerstört. Er habe es nur weggerückt auf die „Gegenerde", in einen den Menschen nicht erreichbaren Raum. Diese „Gegenerde" aber solle nach der mythischen Theologie jenseits des Ozeans gelegen sein, also hinter einer den Irdischen undurchdringlichen Zone. Nun aber, da die Kühnheit der Entdecker diesen bisher undurchdringlichen Ozean durchfahren und die Hemisphäre der anderen Sterne erreicht – könnte der alte Traum der Menschheit sich nicht doch erfüllen und das Paradies wiedergewonnen werden? Wie natürlich darum, daß die Schilderung jener von

Vesputius erschauten Unschuldswelt, die sonderbar der Welt vor dem Sündenfall gleicht, eine Zeit erregt, die ähnlich wie die unsere inmitten von Katastrophen lebt. In Deutschland beginnen sich die Bauern zusammenzuscharen, weil sie die Fron nicht mehr ertragen wollen, in Spanien wütet die Inquisition und gönnt auch dem Verläßlichsten keinen Frieden, in Italien, in Frankreich toben die Kriege. Tausende und Hunderttausende von Menschen, die solcher täglichen Bedrängnis müde werden, sind schon aus Abscheu vor dieser überreizten Welt in die Klöster geflüchtet; nirgends ist Ruhe, ist Rast, ist Friede für den „Jedermann", der nichts sucht als sein kleines unbehelligtes Dasein.

Und plötzlich kommt Botschaft und flattert mit ihren paar schmalen Blättern von Stadt zu Stadt, ein verläßlicher Mann, kein Gaukler, kein Sindbad, kein Lügner, sondern ein gelehrter Mann, der vom König von Portugal ausgesandt sei, habe weit hinter allen bisher bekannten Zonen ein Land entdeckt, wo noch Frieden für die Menschen zu finden ist. Ein Land, wo nicht der Kampf um Geld, um Besitz, um Macht die Seelen verstört. Ein Land, wo es keine Fürsten, keine Könige, keine Blutsauger und Froneintreiber gibt, wo man nicht die Fäuste sich blutig schinden muß um sein täglich Brot, wo die Erde noch gütig den Menschen nährt und der Mensch nicht des Menschen ewiger Feind ist. Es ist eine uralte religiöse, eine messianische Hoffnung, die dieser unbekannte Vesputius mit seinem Bericht entfacht; er hat an die tiefste Sehnsucht der Menschheit gerührt, an den Traum der Freiheit von Sitte, Geld, Gesetz und Besitz, an jenes unstillbare Verlangen nach einem Leben ohne Mühe, ohne Verantwortung, das in jedes Menschen Seele geheimnisvoll dämmert wie eine dunkle Erinnerung aus dem Paradies.

Dieser sonderbare Umstand mochte wohl geneigt sein, jenen wenigen und schlecht gedruckten Blättern eine Wirkung in die Zeit zu geben, die weitaus diejenige aller anderen Berichte, selbst des Columbus, übertraf; aber der eigentliche Ruhm und die welthistorische Bedeutung dieses winzigen Flugblatts beruhen weder auf seinem Inhalt noch auf der seelischen Spannung, die es unter den Zeitgenossen erregte. Das eigentliche Geschehnis dieses Briefes ist merkwürdigerweise nicht der Brief selbst, sondern sein Titel, die zwei Worte, die vier Silben › *Mundus Novus*‹, die eine Revolution ohnegleichen in der Betrachtung des Kosmos hervorgerufen haben. Bis zu dieser Stunde hatte Europa als das große geographische Ereignis der Zeit betrachtet, daß Indien, das Land der Schätze und der Gewürze, innerhalb eines Jahrzehnts auf einem zwiefachen Wege erreicht worden war: durch Vasco da Gama auf dem Wege nach Osten rund um Afrika und durch Christoph Columbus auf dem Wege nach Westen quer durch den bisher undurchfahrbaren Ozean. Mit Bewunderung hatte man die Schätze gesehen, die Vasco da Gama aus den Palästen Calicuts heimgebracht, mit Neugier von den vielen Inseln gehört, die der Großadmiral des Königs von Spanien, Christoph Columbus, seiner Meinung nach der Küste von China vorgelagert gefunden. Auch er hatte also seiner ekstatischen Aussage gemäß das Land des Großen Khans betreten, das Marco Polo beschrieben; damit schien die Welt umrundet, Indien, das seit tausend Jahren unerreichbare, von beiden Seiten erreicht.

Aber nun kommt dieser andere Seefahrer, dieser merkwürdige Albericus, und meldet etwas noch viel Erstaunlicheres. Was er auf dieser Reise nach Westen erreicht habe, sei gar nicht Indien, sondern ein ganz neues, unbekanntes Land zwischen Asien und Europa, also ein völlig neuer Teil der Welt. Wörtlich schreibt Vesputius, daß man jene Regionen, die er im Auftrag des Königs von Portugal gefunden habe, getrost eine neue Welt nennen dürfe, „ *Novum Mundum appellare licet*", und begründet ausführlich diese seine Ansicht. „Denn keiner unserer Vorfahren hatte von diesen Ländern Kenntnis, die wir gesehen, und von dem, was sie enthalten; unser Wissen geht weit über das ihre hinaus.

Die meisten von ihnen glaubten, daß sich südlich des Äquators kein Festland befände, sondern nur eine unendliche See, die sie die atlantische nannten, und auch diejenigen, die hier einen Kontinent für möglich hielten, waren aus verschiedenen Gründen der Meinung, er müsse unbewohnbar sein. Meine Fahrt hat nun bewiesen, daß diese Ansicht irrig ist und der Wahrheit schroff entgegensteht, da ich südlich des Äquators einen Kontinent fand, der in manchen Tälern viel mehr von Menschen und Tieren bevölkert ist als unser Europa, Asien und Afrika und überdies ein angenehmeres und milderes Klima besitzt als die anderen uns bekannten Erdteile."

Diese wenigen, aber entschiedenen Worte machen den ›*Mundus Novus*‹ zu einer denkwürdigen Urkunde der Menschheit; sie sind – zweihundertsiebzig Jahre vor der anderen – die erste Unabhängigkeitserklärung Amerikas. Columbus, bis zu seiner Todesstunde blind in den Wahn verstrickt, er habe auf Guanahani und Cuba Indien betreten, hat mit diesem Wahn eigentlich seinen Zeitgenossen den Kosmos verkleinert; erst Vespucci gibt, indem er die Hypothese zerstört, dieser neue Kontinent sei Indien, und klar behauptet, es sei eine neue Welt, zugleich das neue und bis zum heutigen Tage gültige Maß.

Er sticht den Star, der dem großen Entdecker den Blick auf seine eigene Tat verschattete, und wenn er selbst auch nicht im entferntesten ahnt, welche Dimensionen dieser Kontinent haben wird, so hat er doch wenigstens die Selbständigkeit seines Südteils erkannt. In diesem Sinn vollendet Vespucci tatsächlich die Entdeckung Amerikas, denn jede Entdeckung, jede Erfindung wird gültig nicht nur durch den, der sie macht, sondern mehr noch durch den, der sie in ihrem Sinne, in ihrer wirkenden Kraft erkennt; wenn Columbus das Verdienst der Tat, so gehört Vespucci durch diese seine Worte das historische Verdienst ihrer Deutung. Er hat als Traumdeuter sichtbar gemacht, was sein Vorläufer traumwandlerisch gefunden.

Die Überraschung, welche die Ankündigung dieses bisher unbekannten Vesputius hervorruft, ist eine ungeheure und freudige; sie greift tief in das allgemeine Empfinden der Zeit, tiefer sogar und nachhaltiger als die Entdeckung des Genuesers. Daß ein neuer Weg nach Indien gefunden sei, daß man die von Marco Polo längst beschriebenen Länder auch mit Schiffen von Spanien aus erreichen könne, hatte als kommerzielle Angelegenheit immerhin nur einen kleinen, an dieser Entdeckung unmittelbar interessierten Kreis beschäftigt: die Kaufleute, die Händler in Antwerpen und Augsburg und Venedig, die bereits eifrig kalkulierten, auf welchem Weg – dem Vasco da Gamas über den Osten oder dem des Columbus über den Westen – man die Gewürze, den Pfeffer und den Zimt billiger verschiffen könne.

Die Mitteilung dieses Alberico aber, daß ein neuer Teil der Welt mitten im Ozean aufgefunden sei, wirkt auf die Phantasie der großen Masse mit unwiderstehlicher Kraft. Ist es die sagenhafte Insel Atlantis der Alten, die er gefunden? Sind es die glückseligen, die halkyonischen Inseln? Wunderbar wird das Selbstgefühl der Zeit gesteigert durch das Gefühl, daß die Erde weiter und überraschungsreicher sei, als selbst die weisesten Männer der Vorzeit vermutet, und daß es ihnen, daß es ihrer eigenen Generation vorbehalten sei, die letzten Geheimnisse des Erdballs zu ergründen. Und man versteht, mit welcher Ungeduld die Gelehrten, die Geographen, die Kosmographen, die Drucker und hinter ihnen die unermeßliche Schar der Leser warten, daß dieser unbekannte Albericus sein Versprechen erfülle und mehr erzähle von seinen Forschungen und Reisen, die zum erstenmal die Welt und die Menschheit über die Größe des Erdballs belehren.

Die Ungeduldigen müssen nicht allzulange warten. Zwei oder drei Jahre später erscheint bei einem Drucker in Florenz, der seinen Namen – wir werden später sehen, aus welchen Gründen – wohlweislich verschweigt, ein dünnes Heftchen von sechzehn Seiten in italienischer Sprache. Es nennt sich: › *Lettera di Amerigo Vespucci delle isole nuovamente trovate in quattro suoi viaggi*‹ (Brief Amerigo Vespuccis über die auf seinen vier Reisen entdeckten Inseln). Am Ende trägt dieses Opusculum das Datum: „ *Data in Lisbona a di 4 septembre 1504. Servitore Amerigo Vespucci in Lisbona.*“

Schon durch diesen Titel erfährt endlich die Welt mehr von diesem geheimnisvollen Manne. Erstens, daß er Amerigo heißt, nicht Alberico, und Vespucci statt Vespucius. Aus der Einleitung, die an einen großen Herrn gerichtet ist, werden weitere Lebensumstände klar. Vespucci berichtet, in Florenz geboren zu sein und sich nach Spanien als Kaufmann begeben zu haben (*per tractare mercantie*). In diesem Berufe habe er vier Jahre verbracht, während derer er die Wandelbarkeit des Glücks erfahren habe, „das seine vergänglichen und unbeständigen Güter ungleichmäßig verteilt, eines Tages den Menschen auf den Gipfel trägt, um ihn den nächsten wieder herabzuschleudern und der sozusagen geliehenen Güter wieder zu berauben“. Da er aber gleichzeitig beobachtet habe, welche Fährlichkeiten und Unannehmlichkeiten in dieser Jagd nach dem Gewinne liegen, habe er sich entschlossen, dem Handel abzusagen und sich ein höheres und ehrenvolleres Ziel zu setzen, nämlich einen Teil der Welt und seine Wunder zu sehen (*mi disposi d'andare a vedere parte del mondo e le sue maraviglie*). Dazu habe sich nun gute Gelegenheit geboten, indem der König von Castilien vier Schiffe ausgerüstet hätte, um neues Land im Westen zu entdecken, und ihm sei verstattet worden, in dieser Flotte mitzureisen, um bei der Entdeckung hilfreich mitzutun (*per aiutare a discoprire*). Aber Vespucci berichtet nicht nur von dieser ersten Reise, sondern auch von drei anderen (darunter der bereits im › *Mundus Novus*‹ geschilderten); und zwar unternahm er – die Chronologie ist wichtig –:

- die erste vom 10. Mai 1497 bis 15. Oktober 1498 unter spanischer Flagge,
- die zweite vom 16. Mai 1499 bis 8. September 1500, gleichfalls für den König von Castilien,
- die dritte (*Mundus Novus*) vom 10. Mai 1501 bis 15. Oktober 1502 unter portugiesischer Flagge,
- die vierte vom 10. Mai 1503 bis 18. Juni 1504, ebenfalls für die Portugiesen.

Mit diesen vier Reisen ist der unbekannte Kaufmann in die Reihen der großen Seefahrer und Entdecker seiner Zeit getreten.

An wen diese › *Lettera*‹, dieser Bericht über die vier Reisen, gesandt war, ist in der ersten Ausgabe nicht gesagt; erst in den späteren wird berichtet, sie sei an den Gonfaloniere, den Gouverneur von Florenz, Pietro Soderini, gerichtet gewesen, wofür aber – bei Vespuccis literarischen Produktionen wird sich bald manche Dunkelheit ergeben – bis zum heutigen Tage ein völlig gültiges Zeugnis fehlt. Aber mit Ausnahme einiger höflicher Floskeln des Eingangs ist die Form des Berichts ebenso locker, amüsant und abwechslungsreich wie im › *Mundus Novus*‹. Nicht nur daß Vespucci noch neue Einzelheiten über das „epikureische Leben" dieser unbekannten Völker gibt, schildert er noch Kämpfe, Schiffbrüche und dramatische Episoden mit Kannibalen und Riesenschlangen; viele Tiere und Gerätschaften (wie der Hammock, die Hängematte) werden durch ihn zum erstenmal der Kulturgeschichte übermittelt.

Die Geographen, die Astronomen, die Kaufleute finden wertvolle Informationen, die Gelehrten eine Reihe von Thesen, über die sie diskutieren und sich verbreiten können, und auch das große Neugierpublikum kommt reichlich auf seine Kosten. Zum Schlusse kündigt Vespucci abermals sein großes, sein eigentliches Werk über diese neuen Welten an, das er, sobald er einmal sich zur Ruhe setzen könne, in seiner Vaterstadt vollenden wolle.

Aber zu diesem Werke ist es niemals gekommen, oder es ist uns ebenso wie Vespuccis Tagebücher nicht überliefert. Zweiunddreißig Seiten (von denen die dritte Reise nur eine Variante des › *Mundus Novus*‹ darstellt) stellen somit das ganze literarische Werk Amerigo Vespuccis dar, ein winziges und nicht sehr gewichtiges Gepäck für den Weg in die Unsterblichkeit. Man darf also ohne Übertreibung sagen: nie ist ein schreibender Mensch mit so geringem überliefertem Werk so berühmt geworden; Zufall über Zufall, Irrtum über Irrtum mußte sich türmen, um es derart hoch über seine Zeit zu stellen, daß selbst die unsere diesen Namen sich merken muß, der mit dem Sternenbanner sich bis unter die Sterne schwingt.

Der erste Zufall und zugleich schon der erste Irrtum kommt bald diesen im höheren Sinne belanglosen zweiunddreißig Seiten zu Hilfe. Ein findiger italienischer Buchdrucker hatte schon 1504 den richtigen Flair gehabt, daß die Zeit für Sammlungen von Reiseberichten günstig sei. Zum erstenmal faßt der Venezianer Albertino Vercellese alle Reiseberichte, die ihm zur Hand kommen, in einem Bändchen zusammen. Dieses › *Libretto de tutta la navigazione del Rè de Spagna e terreni novamente trovati*‹, das die Reiseberichte über Cadamosto, Vasco da Gama, die erste Columbusfahrt zusammenstellt, hat so guten Absatz, daß ein Drucker in Vicenza 1507 sich entschließt, eine größere (126 Seiten umfassende) Anthologie herauszugeben (unter Leitung von Zorzi und Montalbodo), die die portugiesischen Expeditionen des Cadamosto, Vasco da Gama, Cabrai, die ersten drei Reisen des Columbus und den › *Mundus Novus*‹ Vespuccis enthält.

Verhängnisvollerweise findet er dafür keinen besseren Titel als › *Mondo novo e paesi nuovamente retrovati da Alberico Vesputio florentino*‹ (›Neue Welt und neugefundene Länder von Alberico Vespucci aus Florenz‹). Damit beginnt nun die große Komödie der Irrungen. Denn dieser Titel ist gefährlich zweideutig. Er läßt leicht die Meinung zu, als wären die neuen Länder nicht nur „Neue Welt" von Vespucci benannt, sondern auch diese neue Welt von ihm entdeckt; wer die Titelseite nur flüchtig anblickt, muß unvermeidlich diesem Irrtum anheimfallen. Und dieses Buch, ein ums anderemal gedruckt, geht durch Tausende Hände und trägt mit gefährlicher Geschwindigkeit die Falschmeldung weiter, Vespucci sei der erste Finder dieser neuen Länder. Der kleine dumme Zufall, daß ein ahnungsloser Drucker in Vicenza den Namen Vespuccis statt jenen des Columbus auf die Titelseite seiner Anthologie setzt, wirft dem ebenso ahnungslosen Vespucci einen Ruhm zu, von dem er nicht weiß, und macht ihn ohne Willen und Wissen zum Usurpator einer fremden Leistung.

Selbstverständlich hätte dieser eine Irrtum für sich allein nicht ausgereicht für eine so ungeheure, die Jahrtausende überspannende Wirkung. Aber es ist nur der erste Akt oder vielmehr der Auftakt dieser Komödie der Irrungen. Zufall muß weiter an Zufall emsig sich knüpfen, ehe dies trügerische Gespinst sich vollendet. Sonderbarerweise beginnt gerade jetzt, da mit seinen armen zweiunddreißig Seiten Vespucci seine ganze literarische Lebensleistung schon beendet hat, sein Aufstieg in die Unsterblichkeit, vielleicht der groteskeste, den die Geschichte des Ruhms gekannt. Und er beginnt in einem ganz anderen Teil der Erde, in einem Ort, den Vespucci nie betreten, und von dessen Existenz der seefahrende Kaufmann in Sevilla wahrscheinlich nie die leiseste Ahnung gehabt: in dem Städtchen St-Dié.

Eine Welt erhält ihren Namen

Niemand muß sich geographischer Unbildung schuldig erachten, wenn er den Namen des Städtchens St-Dié nie vernommen hat; selbst die Gelehrten haben mehr als zwei Jahrhunderte gebraucht, um herauszufinden, wo eigentlich jenes „ *Sancti Deodati oppidum*" gelegen war, das auf die Namensgebung Amerikas so entscheidenden Einfluß genommen. Im Schatten der Vogesen versteckt und zu dem längst verschollenen Herzogtum Lothringen gehörig, besaß dies Örtchen keinerlei Verdienst, um die Neugier der Welt auf sich zu ziehen. Der damals regierende René II. führt zwar wie sein berühmter Ahn, „le bon roi René", den Titel eines Königs von Jerusalem und Sizilien und des Grafen von Provence, ist aber in Wahrheit nichts als der Herzog dieses kleinen Stückchen lothringischen Lands, das er mit viel Liebe zu den Künsten und Wissenschaften redlich verwaltet.

Sonderbarerweise – die Geschichte liebt das Spiel der kleinen Analogien – hatte schon vordem dies kleine Städtchen ein Buch produziert, das auf die Entdeckung Amerikas Einfluß geübt, denn gerade hier hatte der Bischof d'Ailly jenes Werk › *Imago Mundi*‹ verfaßt, das zugleich mit dem Briefe Toscanellis Columbus den entscheidenden Anstoß gegeben, Indien auf dem Wege nach dem Westen zu suchen; bis zu seinem Tode hatte der Admiral dies Werk als Leitbuch auf allen seinen Fahrten mit sich, und sein erhaltenes Exemplar zeigt unzählige Randbemerkungen von seiner Hand.

So ist ein gewisser präcolumbianischer Zusammenhang zwischen Amerika und St-Dié nicht abzuleugnen. Aber erst unter Herzog René ereignet sich dort jener merkwürdige Zwischenfall – oder Irrtum –, dem Amerika seinen Namen für alle Zeiten verdankt. Unter dem Protektorat René II., wahrscheinlich auch unter seiner materiellen Beihilfe, tun sich in dem winzigen St-Dié ein paar Humanisten zu einer

Art Kollegium zusammen, das sich Gymnasium Vosgianum nennt und Wissenschaft entweder lehren oder durch Drucklegung wertvoller Bücher verbreiten will.

In dieser Miniaturakademie vereinigen sich Laien und geistliche Herren zu kulturellem Zusammenwirken; wahrscheinlich hätte man aber niemals von ihren gelehrten Diskussionen vernommen, wenn sich nicht – etwa 1507 – ein Drucker namens Gauthier Lud entschlossen hätte, dort eine Presse aufzustellen und Bücher zu drucken. An sich war der Ort gut gewählt, denn in dieser kleinen Akademie hat Gauthier Lud die rechten Leute als Herausgeber, Übersetzer, Korrektoren und Illustratoren zur Hand, außerdem ist Straßburg mit seiner Universität und seinen guten Helfern nicht weit; und da der freigebige Herzog als Protektor seine Unterstützung leiht, kann in dem stillen, weltabgeschiedenen Städtchen auch ein größeres Werk wohl gewagt werden.

Aber welches Werk? Die Neugier der Zeit ist der Erdkunde zugewandt, seit Jahr für Jahr neue Entdeckungen die Kenntnis der Welt erweitern. Nun gab es bisher in der Geographie nur ein einziges klassisches Buch, die ›*Cosmographia*‹ des Ptolemäus, die mit ihren Erklärungen und Karten den Gelehrten Europas seit Hunderten Jahren als unübertrefflich und vollkommen gegolten. Seit 1475 war es durch eine lateinische Übersetzung allen Gebildeten als der allgemeine Kodex der Weltkunde zugänglich und unentbehrlich geworden: was Ptolemäus sagte oder in seinen Karten darlegte, galt durch die Autorität seines Namens schon als bewiesen. Aber gerade in diesen fünfundzwanzig Jahren hatte sich das Wissen um den Kosmos mehr erweitert als vordem in Hunderten von Jahren, und der durch tausend Jahre mehr gewußt als alle Kosmographen und Geographen nach ihm, erwies sich plötzlich in seinen Kenntnissen um die Welt dementiert und überholt von ein paar kühnen Seefahrern und Abenteurern.

Wer die › *Cosmographia*‹ nun neu herausgeben will, muß sie berichtigen und ergänzen; er muß die neuen Küsten und Inseln, die im Westen gefunden wurden, einzeichnen in die alten Karten. Erfahrung muß die Tradition berichtigen, bescheidene Korrektur der Ehrfurcht vor dem klassischen Werk neue Verläßlichkeit leihen, wenn weiterhin Ptolemäus als der Allweise und sein Buch als unwidersprechlich gelten sollen. Niemand vor Gauthier Lud war bisher auf den Gedanken gekommen, das unvollkommene Buch wieder vollkommen zu machen. Es ist eine verantwortliche, aber auch zugleich eine aussichtsreiche Aufgabe, die rechte und gegebene darum für einen zu gemeinsamem Werk versammelten Kreis.

Gauthier Lud, nicht nur ein simpler Drucker, sondern auch als Sekretär des Herzogs und Kaplan ein gebildeter und überdies vermögender Mann, mustert seine kleine Schar und muß bekennen, daß er es glücklicher kaum hätte treffen können. Für die Zeichnung und den Stich von Karten findet sich ein ausgezeichneter junger Mathematiker und Geograph namens Martin Waldseemüller, der entsprechend dem Usus der Zeit in gelehrten Werken seinen Namen zu Hylacomylus gräzisieren wird. Siebenundzwanzig Jahre alt, ein Schüler der Universität Breisgau, verbindet er die Frische und Kühnheit der Jugend mit guten Kenntnissen und einer eminenten zeichnerischen Begabung, die seinen Karten für Jahrzehnte einen Vorrang in der Geschichte der Kartographie sichern wird. Auch ein junger Dichter ist zur Stelle, Matthias Ringmann, der sich Philesius nennen wird, wohl geeignet, mit poetischer Epistel ein Werk einzuleiten und die lateinischen Texte geschmackvoll zu polieren.

Auch der rechte Übersetzer fehlt nicht; er ist in Jean Basin gefunden, der als rechter Humanist nicht nur in den alten Sprachen, sondern auch in den modernen geschult ist. Mit einer solchen gelehrten Gilde kann man beruhigt an die Revision des berühmten Werkes gehen. Aber wo die Grundlagen für die Darstellung der neuentdeckten

Zonen finden? Hat nicht jener Vesputius als erster auf diese „neue Welt" hingewiesen? Anscheinend war es Matthias Ringmann, der schon vorher den › *Mundus Novus*‹ unter dem Titel › *De Ora Antarctic*‹ in Straßburg 1505 publiziert hatte. Er erteilte den Rat, die in Deutschland noch unbekannte italienische › *Lettera*‹ in lateinischer Sprache dem Ptolemäus als natürliche Ergänzung beizufügen.

Das wäre an sich ein redliches und durchaus dankenswertes Beginnen; aber die Eitelkeit der Herausgeber spielt Vespucci einen schlimmen Streich, und so schürzt sich der zweite der Knoten, aus denen die Nachwelt dem Ahnungslosen einen Strick drehen wird. Statt glatt die Wahrheit zu sagen, daß sie die › *Lettera*‹, die Berichte Vespuccis über seine vier Reisen, in der Form, in der sie in Florenz erschienen sind, einfach aus dem Italienischen ins Lateinische übersetzen, erfinden die Humanisten in St-Dié, teils um ihrer Publikation mehr Ansehen zu geben, teils um ihren Mäzen, den Herzog René, besonders vor der Welt zu ehren, eine romantische Geschichte.

Sie täuschen dem Publikum vor, Americus Vesputius, der Entdecker dieser neuen Welten, dieser hochberühmte Geograph, sei ein besonderer Freund und Verehrer ihres Herzogs, er habe diese › *Lettera*‹ direkt an ihn nach Lothringen gerichtet, und diese Ausgabe stelle die erste Veröffentlichung dar. Welche Huldigung dies für ihren Fürsten! Der größte Gelehrte der Zeit, der hochberühmte Mann, sendet außer an den König von Spanien nur noch an diesen Duodezfürsten die Schilderung seiner Reisen! Um diese fromme Fiktion aufrechtzuerhalten, wird die Widmung an die italienische „ *Magnificenza*" umgeändert in eine an den „ *illustrissimus rex Renatus*"; und um außerdem noch möglichst gründlich die Spur zu verwischen, daß es sich um eine simple Übertragung aus einem schon gedruckten italienischen Original handelt, der Vermerk beigefügt, Vespucci habe das Werk in französischer Sprache übersandt und erst der „ *insignis poeta*" Johannes Basinus (Jean Basin) habe es „ *ex gallico*", aus dem

Französischen, in ein vornehmes Latein übertragen („ *qua pollet elegantia latina interpretavit*").

Bei näherer Betrachtung erweist sich dieser ehrgeizige Betrug als ziemlich durchsichtig, denn der „*insignis poeta*" hat viel zu flüchtig gearbeitet, um alle die Stellen zu verwischen, die deutlich auf die italienische Herkunft hinweisen. Er läßt Vespucci dem König Renatus in Lothringen Dinge erzählen, die allenfalls für Medici oder Soderini Geltung haben konnten, z. B., daß sie beide zusammen in Florenz bei seinem Onkel Antonio Vespucci studiert hätten. Oder er läßt ihn von Dante als „ *poeta nostro*" sprechen, was selbstverständlich nur denkbar war, wenn ein Italiener einem Italiener schrieb. Aber es wird Jahrhunderte dauern, ehe dieser Betrug – an dem Vespucci so unschuldig ist wie an allem andern – aufgedeckt wird. Und durch Hunderte Werke (bis auf die allerneueste Zeit) betrachtet man diese vier Reiseberichte als tatsächlich an den Herzog von Lothringen gerichtet; aller Ruhm und alle Schmach des Vespucci türmt sich auf das Fundament dieses einen in einem Winkel der Vogesen ohne sein Wissen gedruckten Buches.

Aber all das sind Hintergründe und Geschäftspraktiken, von denen die Zeit nichts weiß. Die Buchhändler, die Gelehrten, die Fürsten, die Kaufleute sehen nur eines Tages auf der Buchmesse am 25. April 1507 ein Werk von zweiundfünfzig Blättern erscheinen, das den Titel führt: › *Cosmographiae introductio. Cum quibusdam geometriae ac astronomiae principiis ad eam rem necessariis. Insuper quatuor Americi Vespuccii navigationes. Universalis cosmographiae descriptio tam in solido quam plano eis etiam insertis quae in Ptolomeo ignota a nuperis reperta sunt*‹. (Einführung in die Kosmographie mit den dazu nötigen Grundprinzipien der Geometrie und Astronomie. Dazu die vier Reisen Amerigo Vespuccis, ferner eine Beschreibung [Karte] des Weltalls sowohl in flacher als in Globusform von all jenen Teilen, die Ptolemäus unbekannt gewesen und in jüngster Zeit entdeckt wurden.)

Wer dieses kleine Bändchen aufschlägt, muß zuerst die poetische Eitelkeit der Herausgeber über sich ergehen lassen, die ihre poetischen Talente zur Schau stellen wollen; ein kurzes lateinisches Widmungsgedicht von Matthias Ringmann an den Kaiser Maximilian und eine Vorrede von Waldseemüller-Hylacomylus an den Kaiser, dem er das Buch zu Füßen legt; erst nachdem die beiden Humanisten ihrer lieben Eitelkeit gefrönt haben, beginnt der gelehrte Text des Ptolemäus, dem sich nach einer kurzen Ankündigung die vier Reisen des Vespucci anschließen.

Mit dieser Publikation in St-Dié ist der Name Amerigo Vespuccis wieder ein ungeheures Stück nach oben gestiegen, freilich der Gipfel noch nicht erreicht. In der italienischen Anthologie › *Paesi nuovamente retrovat*‹ war sein Name noch in ziemlich zweideutiger Form als der des Entdeckers der „neuen Welt“ auf dem Titelblatt gestanden und im Text seine Reisen jenen des Columbus und anderer Seefahrer noch zur Seite gestellt. In der › *Cosmographiae Introductio*‹ ist der Name Columbus schon nicht mehr erwähnt – ein Zufall dies vielleicht, verschuldet durch Unkenntnis der vogesischen Humanisten, aber ein verhängnisvoller Zufall.

Denn alles Licht, alles Verdienst der Entdeckung fällt dadurch breit und grell auf Vespucci, und auf Vespucci allein. Im zweiten Kapitel heißt es bei der Beschreibung der dem Ptolemäus schon bekannten Welt, daß sie zwar von andern in ihrer Ausdehnung erweitert worden, nun aber erst von Americo Vesputio wahrhaft zur Kenntnis der Menschheit gebracht (*nuper vero ab Americo Vesputio latius illustratam*). Im fünften Kapitel wird er ausdrücklich als Entdecker dieser neuen Zonen anerkannt „ *et maxima pars Terrae Semper incognitae nuper ab Americo Vesputio repertae*“. Und plötzlich blitzt in dem siebenten Kapitel zum erstenmal jene Anregung auf, die für Jahrhunderte bestimmend werden soll. Wie Waldseemüller den vierten Teil der Erde, „*quarta orbis pars*", erwähnt, fügt er als seinen persönlichen Vorschlag bei, „*quam quia Americus invenit Amerigem quasi Americi terram, sive Americam nuncupare licet*", „den man, da Americus ihn gefunden, die Erde des Americus oder America von heute an nennen könnte".

Diese drei Zeilen sind der eigentliche Taufschein Amerikas. Auf diesem Quartoblatte ist zum erstenmal der Name in Lettern gegossen und im Druck vervielfältigt. Wenn man den 12. Oktober 1492, da vom Deck der ›*Santa Maria*‹ Columbus die Küste von Guanahani aufschimmern sieht, als den eigentlichen Geburtstag des neuen Kontinents bezeichnen kann, so muß man diesen 25. April 1507, da die ›*Cosmographiae Introductio*‹ die Presse verläßt, seinen Tauftag nennen. Es ist zwar nur ein Vorschlag, den dieser bisher namenlose siebenundzwanzigjährige Humanist in dem abgelegenen Städtchen macht, aber sein eigener Vorschlag entzückt ihn dermaßen, daß er ihn ein zweitesmal noch eindringlicher wiederholt. Im neunten Kapitel führt Waldseemüller seine Anregung in einem eigenen Absatz aus. „Heute sind", schreibt er, „diese Teile der Erde (Europa, Afrika und Asien) bereits vollkommen erforscht und ein vierter Weltteil von Amerigo Vespucci entdeckt.

Und da Europa und Asien weibliche Namen empfangen haben, sehe ich keinen Einwand, diese neue Region nicht Amerigo, das Land Amerigos oder America nach dem weisen Manne zu nennen, der es entdeckt hat." Oder in seinen eigenen lateinischen Worten: „*Nunc vero et hae partes sunt latius lustratae et alia quarta pars per Americum Vesputium (ut in sequentibus audietur) inventa est, quam non video cur quis iure vetet ab Americo inventore sagacis ingenii viro Amerigem quasi Americi terram sive Americam dicendam; cum et Europa et Asia a mulieribus sua sortita sunt nomina.*" Gleichzeitig läßt

Waldseemüller dieses Wort „America“ an den Rand des Absatzes drucken und zeichnet es überdies in die dem Werke beigelegte Weltkarte ein. Ohne daß er es ahnt, trägt seit dieser Stunde der sterbliche Amerigo Vespucci die Aureole der Unsterblichkeit über seinem Haupt; Amerika heißt seit dieser Stunde zum erstenmal Amerika und wird es heißen für alle Zeiten.

Aber das ist ja absurd, entrüstet sich vielleicht ein aufgeregter Leser. Wie kann dieser siebenundzwanzigjährige Provinzgeograph sich erfrechen, einem Manne, der Amerika nie entdeckt und im ganzen zweiunddreißig Seiten ziemlich anzweifelhafter Berichte verfaßt hat, die Ehre zuzuweisen, den ganzen riesigen Kontinent nach sich benannt zu sehen? Jedoch diese Entrüstung ist eine anachronistische; sie denkt nicht aus der historischen Situation, sondern aus unserer Optik.

Wir Menschen von heute verfallen instinktiv in den Fehler, wenn wir das Wort „Amerika“ aussprechen, unwillkürlich an den gewaltigen Erdteil zu denken, der von Alaska bis nach Patagonien reicht. Von dieser Ausdehnung des neugefundenen „ *Mundus Novus*“ hatte anno 1507 weder der brave Waldseemüller noch irgendein anderer-Sterblicher die geringste Ahnung, und ein Blick auf die Karten um Beginn des sechzehnten Jahrhunderts zeigt, was sich die damalige Kosmographie unter dem „ *Mundus Novus*“ ungefähr vorstellte. Da schwimmen inmitten der dunklen Suppe des Weltmeers ein paar ungefüge Brocken Land, nur an den Rändern ein wenig angeknabbert von der Neugier der Entdecker.

Das winzige Stück Nordamerika, wo Cabot und Cortereal gelandet, ist noch an Asien angeklebt, so daß man in der damaligen Vorstellung von Boston nach Peking nur wenige Stunden brauchte. Florida liegt als große Insel neben Cuba und Haiti, und an der Stelle der Landenge von Panama, die Nordamerika und Südamerika verbindet, flutet ein breites Meer. Südlich davon ist nun dies neue unbekannte

Land (das heutige Brasilien) als eine Art Australien, eine große runde Insel, eingezeichnet; sie heißt auf den Karten Terra Sancta Crucis oder Mundus Novus oder Terra dos Papagaios – alles dies unbequeme, unhandliche Namen für ein neues Land. Und da Vespucci diese Küsten zwar nicht als erster entdeckt, aber – dies weiß Waldseemüller nicht – zuerst beschrieben und Europa bekannt gemacht, folgt er nur einem allgemeinen Brauch, wenn er Amerigos Namen vorschlägt. Bermuda heißt nach Juan Bermudez, Tasmanien nach Tasman, Fernando Po nach Fernando Po warum sollte dies neue Land nicht nach seinem ersten Vulgarisator genannt werden? Es ist eine freundliche Geste der Erkenntlichkeit gegenüber einem Gelehrten, der als erster – dies Vespuccishistorisches Verdienst – die These vertreten, daß dies neugefundene Land nicht Asien zugehöre, sondern „ *quartam pars mundi*“, einen neuen Weltteil darstelle.

Daß er mit dieser gutgemeinten Zuweisung Vespucci statt bloß dieses vermutliche Inselland Terra Sancta Crucis einen ganzen Erdteil von Labrador bis hinab nach Patagonien zuteilen wird und damit Columbus, den wahren Entdecker dieses Kontinents, um sein Eigentum bestiehlt, davon hat der gute Waldseemüller keine Ahnung. Aber wie sollte er auch dies ahnen, da doch Columbus es selbst nicht ahnt, sondern hitzig und aufgeregt beschwört, Cuba sei China und Haiti Japan? Ein neuer Faden Irrtum hat sich mit dieser Benennung America in den schon ziemlich verwirrten Knäuel verwickelt; jeder der auch in gutwilligster Absicht an das Problem Vespucci rührt, hat bisher immer nur noch einen neuen Knoten hineingeflochten und es damit noch unlösbarer gemacht.

Es ist also eigentlich nur einem Mißverständnis zu danken, daß Amerika Amerika heißt, und überdies noch einem doppelten Zufall. Denn hätte es dem „ *insigni poetae*“ Jean Basin beliebt, den Namen Amerigo so, wie es die anderen taten, ins Lateinische mit Albericus statt mit Americus zu übersetzen, so lägen New York und Washington heute in Alberica und nicht in Amerika. Aber nun ist der Name zum erstenmal in Lettern gegossen, die sieben Lettern für alle Zeiten zum Wort vereinigt, und wandert so von Buch zu Buch, von Mund zu Mund, unaufhaltsam, unvergeßbar.

Es steht, es besteht, das neue Wort, und nicht allein durch den zufälligen Vorschlag Waldseemüllers, nicht durch Logik oder Unlogik, Recht oder Unrecht, sondern durch die ihm innewohnende phonetische Kraft. Amerika – das Wort schwingt an und schwingt aus mit dem volltönendsten Vokal unserer Sprache, es mengt die andern abwechslungsreich ein. Es ist gut für den begeisterten Ruf, klar für das Gedächtnis, ein kräftiges, volles, männliches Wort, wohlgeeignet für ein junges Land, ein starkes, aufstrebendes Volk; unbewußt hat der kleine Geograph mit seinem historischen Fehlgriff etwas Sinnvolles geschaffen, da er die aus dem Dunkel aufsteigende Welt mit diesem Bruderwort zu Asien, Europa und Afrika benannte.

Es ist ein eroberndes Wort. Es hat Gewalt in sich, es drängt ungestüm all die andern Bezeichnungen fort – ein paar Jahre nur seit dem Erscheinen der › *Cosmographiae Introductio*‹, und es hat die Namen „ *Terra dos Papagaios*“, die „*Isla de Santa Cruz*“, „ *Brazzil*“, die „ *Indias Occidentales*“ in den Büchern und auf den Weltkarten ausgelöscht. Ein eroberndes Wort; von Jahr zu Jahr reißt es mehr an sich, tausendmal, hunderttausendmal mehr als der gute Martin Waldseemüller je geträumt. 1507 meint „Amerika“ nur die brasilianische Nordküste, und der Süden mit Argentinien heißt noch „ *Brasilia Inferior*“.

Wäre es dabei geblieben (im Sinne Waldseemüllers), daß bloß diese eine Küste, die Vespucci zuerst beschrieben, ja daß selbst ganz Brasilien Amerigos Namen erhalten hätte, niemand würde ihn eines Fehlgriffs beschuldigen. Aber ein paar Jahre später, und schon hat der Name Amerika die ganze brasilianische Küste und Argentinien und Chile an sich gerissen, also Gegenden, die der Florentiner nie erreicht oder erschaut. Alles was immer rechts und links, oben und unten, südlich des Äquators entdeckt wird, verwandelt sich in Vespuccis Land. Schließlich heißt – etwa fünfzehn Jahre nach Waldseemüllers Buch – ganz Südamerika schon Amerika. Alle die großen Kartographen haben kapituliert vor dem Willen des kleinen Schulmeisters in St-Dié – Simon Gryneus in seinem ›Orbis Novus‹, Sebastian Münster in seinen Weltkarten. Aber noch immer ist der Triumph nicht vollkommen. Noch immer hält die grandiose Komödie der Irrungen nicht inne.

Noch immer ist auf den Karten Nordamerika von Südamerika abgeschieden als eine andere Welt, teils Asien dank der Unbelehrbarkeit der Zeit zugerechnet, teils durch eine imaginäre Meerenge von Amerigos Kontinent getrennt. Aber endlich begreift die Wissenschaft, daß dieser Kontinent eine Einheit ist von Eismeer zu Eismeer, daß ein einziger Name ihn zusammenfassen muß. Und da erhebt es sich mächtig, das stolze, unbesiegbare Wort, dieser Bastard eines Irrtums und einer Wahrheit, um die unsterbliche Beute an sich zu reißen.

Bereits 1515 hatte der Nürnberger Geograph Johannes Schöner in einer kleinen Schrift, die seinen Globus begleitete, „*Americam sive Amerigem*“ als „ *novum Mundum et quartam orbis partem*“, als vierten Weltteil öffentlich proklamiert. Und 1538 zeichnet Mercator, der König der Kartographen, in unserem Sinne den ganzen Kontinent als eine Einheit in seine Weltkarte ein und schreibt den Namen Amerika über beide Teile, A M E über den Norden und R I C A über den Süden. Und seitdem gilt kein Wort mehr als dieses. In dreißig Jahren hat Vespucci den vierten Teil der Erde für sich und seinen Nachruhm erobert.

Diese Taufe ohne Wissen und Zustimmung des Vaters ist eine Episode ohnegleichen in der Geschichte des irdischen Ruhms. Mit zwei

Worten, „*Mundus Novus*", hat ein Mann sich berühmt, mit drei Zeilen eines kleinen Geographen sich unsterblich gemacht; kaum je hat Zufall und Irrtum eine ähnliche verwegene Komödie zustande gebracht. Aber in dieser Komödie der Irrungen ersinnt die Geschichte, die ebenso grandios in der Tragödie als erfindungsreich in ihren Lustspielen zu sein vermag, noch eine besondere, subtile Pointe. Kaum hat die Anregung Waldseemüllers die Öffentlichkeit erreicht, ist sie schon begeistert akzeptiert. Eine Auflage folgt der anderen, jedes neue geographische Werk übernimmt den neuen Namen „Amerika" nach dem seines „*inventors*" Amerigo Vespucci, und vor allem sind es die Kartenzeichner, die ihn gehorsam eintragen. Überall ist dieser Name Amerika zu finden, auf jedem Globus, auf jedem Stahlstich, in jedem Buch, in jedem Brief – nur auf einer einzigen Karte nicht, einer Karte, die 1513, also sechs Jahre nach jener ersten Waldseemüllers erscheint, die den Namen Amerika enthielt.

Aber wer ist dieser widerspenstige Geograph, der sich unwillig gegen den neuen Namen auflehnt? Groteskerweise niemand anderer als der, der diesen Namen erfunden: Waldseemüller selbst. War ihm bange geworden wie dem Zauberlehrling in Goethes Gedicht, der mit einem Wort den dürren Besen in ein wild hintobendes Wesen verwandelt und dann das andere Wort nicht wußte, um den beschworenen Geist zum Innehalten zu bewegen? War ihm durch irgendeine Mahnung – vielleicht Vespuccis selbst – bewußt geworden, daß er Unrecht gegen Columbus getan, indem er seine Tat auf den Erkenner der Tat übertrug? Man weiß es nicht.

Man wird es nie wissen, warum gerade Waldseemüller dem neuen Kontinent den von ihm erfundenen Namen Amerika wieder wegnehmen wollte. Aber schon ist es zu spät für jede Korrektur. Selten holt die Wahrheit die Legende wieder ein. Ein Wort, einmal in die Welt gesprochen, zieht aus dieser Welt Gewalt, es lebt frei und unabhängig von dem weiter, der ihm das Leben gegeben. Vergebens, daß der einzelne kleine Mann, der es zuerst gesagt, das Wort Amerika beschämt wieder unterdrücken und verschweigen will – es schwingt schon in den Lüften, es springt von Letter zu Letter, von Buch zu Buch, von Mund zu Mund, es überfliegt die Räume und die Zeiten, unaufhaltsam und unsterblich, weil zugleich Wirklichkeit und Idee.

Der große Streit beginnt

1512. Ein Sarg wird, von wenigen begleitet, von einer Kirche in Sevilla zum Gottesacker getragen. Es ist kein auffälliges, kein pompöses Leichenbegängnis, nicht das eines reichen Mannes, nicht das eines Edelmannes. Irgendein Beamter des Königs, der Piloto Mayor der Casa de Contratación, wird zur letzten Ruhe gebettet, ein gewisser Despuchy oder Vespuche. Niemand ahnt in der fremden Stadt, daß es derselbe Mann ist, dessen Name der vierte Teil der Erde tragen wird, und die Historiographen und Chronisten verzeichnen mit keinem Wort dieses belanglose Wegsterben; noch nach dreißig Jahren wird man in den Geschichtswerken lesen, Amerigo Vespucci sei 1534 auf den Azoren gestorben. Ganz unbeachtet geht der Taufpate Amerikas dahin, ebenso still wie man den Adelantado, den Großadmiral des Neuen Indien, Christophoro Colombo, 1506 in Valladolid zur letzten Ruhe senkte, ohne daß ein König, ein Duque den Sarg begleitet, und dessen Tod gleichfalls kein zeitgenössischer Geschichtsschreiber für wichtig genug hielt, um ihn der Welt zu melden.

Zwei stille Gräber in Sevilla und Valladolid. Zwei Männer, die sich im Leben oftmals begegnet sind, ohne einer den andern zu meiden oder zu hassen. Zwei Männer, vom gleichen Geist schöpferischer Neugier beseelt, die einer dem andern redlich und herzlich auf ihrem Wege geholfen. Aber über ihren Gräbern erhebt sich der erbittertste Streit. Ohne daß sie es ahnten, wird des einen Ruhm mit dem des andern kämpfen, Irrtum, Unverstand, Forschungslust und persönliche Rechthaberei werden immer von neuem eine – im Leben nie vorhandene – Rivalität zwischen den beiden großen Seefahrern anfachen. Aber sie selbst werden von diesem Zank und Lärm so wenig vernehmen wie von dem Wind, der mit unverständlichem Wort über ihre Gräber hinfahrt.

Der Unterliegende in diesem grotesken Kampf eines Ruhms gegen einen andern ist zunächst Columbus. Er ist als ein Besiegter, Gedemütigter und halb Vergessener gestorben. Ein Mann einer einzigen Idee und einer einzigen Tat, hat er seinen unsterblichen Augenblick in der Stunde gehabt, da diese Idee sich in der Tat verwirklichte, in der Stunde, da die „Santa Maria“ an dem Strande von Guanahani landete, da der bisher unzugängliche Atlantische Ozean zum erstenmal durchmessen war. Bis zu dieser Stunde hatte der große Genueser der Welt als Narr, als Phantast, als wirrer, unrealistischer Träumer gegolten, und von dieser Stunde an gilt er es ihr zum zweitenmal. Denn von dem Wahn, der ihn getrieben, kann er sich nicht befreien. Als er zum erstenmal meldet, er habe „die reichsten Königreiche der Erde betreten“, als er Gold und Perlen und Gewürze verspricht aus dem erreichten „Indien“, schenkt man ihm noch Glauben.

Eine mächtige Flotte wird ausgerüstet, fünfzehnhundert Menschen kämpfen um die Ehre, mitreisen zu dürfen nach dem Ophir und El Dorado, das er behauptet, mit eigenen Augen erschaut zu haben, die Königin gibt ihm, in Seide gewickelt, Briefe mit an den „großen Khan“ in Quinsay; aber dann kommt er zurück von dieser großen Reise, und was er bringt, sind ein paar hundert halbverhungerter Sklaven, welche die fromme Königin sich weigert, zu verkaufen. Ein paar hundert Sklaven und den alten Wahn, er sei in China, in Japan gewesen. Und dieser Wahn wird immer wirrer, immer phantastischer, je weniger er sich bewahrheitet. In Cuba ruft er seine Leute zusammen und läßt sie unter Androhung von hundert Peitschenhieben vor einem *escribano*, einem Notar, feierlich beeiden, daß Cuba keine Insel sei, sondern das chinesische Festland.

Die wehrlosen Seeleute zucken die Achseln über den Narren und unterschreiben, ohne ihn ernst zu nehmen, und einer von ihnen, Juan de Cosa, zeichnet, ohne sich um den erzwungenen Eid zu kümmern, Cuba geruhig als Insel in seine Landkarte ein. Aber unentwegt schreibt Columbus wieder der Königin, „nur ein Kanal trenne ihn noch vom Goldchersonnes des Ptolemäus“ (der Halbinsel Malacca) und „es sei nicht weiter von Panama an den Ganges als von Pisa nach Genua“. Zuerst lächelt man noch am Hofe über diese wilden Versprechungen, allmählich wird man mißmutig. Die Expeditionen kosten schweres Geld, und was bringen sie heim: schwächliche, verhungerte Sklaven statt des verheißenen Goldes, und Syphilis statt der Gewürze. Die Inseln, die die Krone ihm zur Verwaltung anvertraut, werden zu schauerlichen Schlachthäusern und wüsten Leichenfeldern. Eine Million Eingeborene gehen allein auf Haiti innerhalb eines Jahrzehnts zugrunde, die Einwanderer verarmen und rebellieren, furchtbare Nachrichten von unmenschlichen Grausamkeiten kommen mit jedem Brief und mit den enttäuscht aus diesem „irdischen Paradies“ zurückflüchtenden Kolonisten.

Bald erkennt man in Spanien: dieser Phantast weiß nur zu träumen und nicht zu herrschen; das erste, was der neuentsandte Gouverneur Bobadilla von seinem Schiff aus sieht, sind Galgen mit im Winde schwankenden Leichen seiner Landsleute. In Ketten muß man die drei Brüder heimbringen, und selbst als man Columbus seine Freiheit, seine Ehre, seine Titel reumütig wiedergibt, ist sein Nimbus in Spanien doch völlig dahin.

Wenn er landet, wird sein Schiff nicht mehr umdrängt von großer Erwartung. Wenn er zu Hofe will, weicht man aus, und der alte Mann, der Entdecker Amerikas, muß ein flehentliches Gesuch einreichen, einen Maulesel auf dem Wege benützen zu dürfen. Noch immer verspricht und verspricht er, und immer phantastischere Dinge. Er werde auf der nächsten Fahrt „das Paradies“ finden, verspricht er der Königin, und wiederum dem Papst, er wolle auf dem neuen kürzeren Wege in einer Kreuzfahrt „Jerusalem befreien“.

Der sündigen Menschheit kündigt er in seinem ›Buch der Prophezeiungen‹ an, in hundertfünfzig Jahren werde die Welt zugrundegehen. Schließlich hört niemand mehr auf den *„fallador*" (den Schwätzer) und seine „ *imaginacôes com su Ilha Cipangu*" (Phantastereien von der Insel Zipangu). Die Kaufleute, die an ihm Geld verloren haben, die Gelehrten, die seinen geographischen Nonsens verachten, die Kolonisten, die er mit seinen großen Ankündigungen enttäuscht, die Beamten, die ihm seine hohe Stellung mißgönnen, beginnen eine geschlossene Front gegen den „Admiral von Mosquitoland" zu bilden; immer mehr wird der alte Mann in den Winkel gedrängt, und er selbst bekennt reumütig: „Ich hatte gesagt, ich hätte die reichsten Königreiche betreten. Ich sprach von Gold, Perlen, Edelsteinen, Gewürzen, und als das alles nicht gleich auftauchte, fiel ich in Schande." Um 1500 ist Christophoro Colombo in Spanien ein erledigter Mann und bei seinem Tode 1506 ein beinahe vergessener.

Auch die nächsten Jahrzehnte erinnern sich seiner kaum: es ist eine rasch strömende Zeit. Jedes Jahr meldet neue Heldentaten, neue Entdeckungen, neue Namen, neue Triumphe, und in solchen Zeiten wird das gestern Geleistete rascher übersehen. Da landen Vasco da Gama und Cabral von Indien; sie bringen nicht bloß nackte Sklaven und vage Verheißungen mit, sondern alle Kostbarkeiten des Ostens; König Manuel, el Fortunado, wird dank dieser Beute aus Calicut und Malacca der reichste Monarch Europas. Brasilien wird entdeckt, Nunez de Balboa erblickt von den Höhen von Panama zum erstenmal den Pazifischen Ozean. Cortez erobert Mexiko, Pizarro Peru: endlich strömt wirkliches Gold in die Schatzkammer. Magelhães umsegelt Amerika, und nach dreijähriger Reise kehrt – großartigste Seemannstat aller Zeiten – sein Flaggschiff „ *Victoria*" rund um den Erdball nach Sevilla zurück. 1545 werden die Silberminen von Potosí erschlossen, Jahr um Jahr steuern hochbeladen die Flotten nach Europa zurück.

Alle Meere sind durchfahren, alle oder beinahe alle Länder des Erdkreises umrundet in einem halben Jahrhundert: was zählt da der Einzelne und seine Tat in diesem homerischen Heldengedicht? Noch sind die Bücher nicht erschienen, die sein Leben schildern, seine einsame Voraussicht erklären; die Columbusfahrt gilt bald nur noch als eine in der ruhmreichen Schar der neuen Argonauten, und weil er den geringsten greifbaren Gewinn gebracht, verkennt und vergißt ihn die Zeit, die wie jede nur in ihren eigenen Maßen denkt und nicht in jenen der Geschichte.

Mächtig erhebt sich unterdessen der Ruhm Amerigo Vespuccis. Da alle noch irrten und sich verblenden ließen von dem Wahn, man habe Indien im Westen entdeckt, hat er die Wahrheit erkannt: daß dies ein Mundus Novus sei, eine neue Welt, ein anderer Kontinent. Immer hat er nur die Wahrheit berichtet: er hat nicht Gold und Edelsteine versprochen, sondern bescheiden gemeldet, die Eingeborenen erzählten zwar, man finde Gold in diesen Ländern, er aber sei wie der heilige Thomas behutsam im Glauben: die Zeit würde es lehren. Und nicht um Goldes und Geldes willen wie die andern ist er ausgefahren, sondern um der idealen Lust an der Entdeckung.

Er hat nicht Menschen gemartert und Reiche zerstört wie alle die andern verbrecherischen Conquistadoren: er hat die fremden Völker als Humanist, als gelehrter Mann in ihren Sitten und Gebräuchen beobachtet und geschildert, ohne sie zu rühmen, ohne sie zu tadeln, er hat, ein weiser Schüler des Ptolemäus und der großen Philosophen, die neuen Sterne beobachtet in ihrem Lauf und die Meere und Länder durchforscht um ihrer Wunder und Geheimnisse willen.

Nicht der blinde Zufall hat ihn geführt, sondern strenge mathematische und astronomische Wissenschaft – ja, er ist einer der Ihren, rühmen die Gelehrten, *homo humanus*, ein Humanist! Er weiß zu schreiben und weiß Latein zu schreiben, die einzige Sprache, die sie für geistige Angelegenheiten als gültig erachten; er hat die Ehre der

Wissenschaft gerettet, indem er einzig ihr diente und nicht dem Gewinn und dem Geld. Jeder einzelne der zeitgenössischen Geschichtsschreiber beginnt mit einer Verbeugung, ehe er Vespuccis Namen nennt, Peter Martyr und Ramusio und Oviedo; und da es nicht mehr als ein Dutzend Gelehrte sind, die damals ihre Zeit belehren, gilt Vespucci als der größte Seefahrer seiner Zeit.

Diesen ungeheuren Nimbus innerhalb der gelehrten Welt dankt er also im letzten dem zufälligen Umstand, daß seine beiden – ach, so dünnen und anzweifelhaften – Werkchen in lateinischer Sprache, der Gelehrtensprache erschienen sind; vor allem ist es die Ausgabe der › *Cosmographiae Introductio*‹, die ihm die überwältigende Autorität über alle andern gibt. Nur weil er sie als erster beschrieb, wird Vespucci von den Gelehrten, denen das Wort mehr gilt als die Tat, unbedenklich als der Entdecker dieser neuen Welt gefeiert. Als erster zieht Schoner, der Geograph, die Scheidelinie: Columbus habe bloß einige Inseln entdeckt, Vespucci aber die neue Welt. Und ein Jahrzehnt später ist es durch Nachsprechen und Nachschreiben schon Axiom geworden: Vespucci sei der Entdecker des neuen Erdteils, und nur zu Recht heiße Amerika Amerika.

Durch das ganze sechzehnte Jahrhundert strahlt hell und ungetrübt dieser irrtümliche Ruhm Vespuccis als der Entdecker der neuen Welt. Nur ein einzigesmal hebt sich ziemlich schüchtern ein leiser Einspruch. Ei kommt von einem sonderbaren Mann, von Miguel Servet, der später den tragischen Ruhm erlangt hat, als erstes Opfer einer protestantischen Inquisition von Calvin in Genf auf den Scheiterhaufen gestoßen worden zu sein. Servet ist ein merkwürdiger Charakter der Geistesgeschichte, ein Viertel Genie, ein Viertel Narr, ein unzufriedener, alles verwegen bemängelnder Irrlichtgeist, der auf jedem Gebiet der Wissenschaft meint, seine persönliche Meinung in heftigster Form vertreten zu müssen. Aber diesem eigentlich unproduktiven Mann eignet ein merkwürdiger Instinkt, überall an entscheidende Probleme zu rühren.

In der Medizin spricht er Harveys Theorie vom Blutkreislauf beinahe schon deutlich aus, in der Theologie trifft er Calvins schwächsten Punkt, immer kommt ihm ein geheimnisvolles Ahnungsvermögen zu Hilfe, Geheimnisse, wenn auch nicht zu lösen, so doch aufzuspüren: auch in der Geographie rührt er an das entscheidende Problem. Von der Kirche geächtet, nach Lyon geflüchtet, wirkt er dort als Arzt unter falschem Namen und gibt gleichzeitig 1535 eine neue Ausgabe des Ptolemäus heraus, die er mit eigenen Anmerkungen versieht.

Dieser Ausgabe sind die Karten der Ptolemäusausgabe von Laurent Frisius 1522 beigegeben, die gemäß dem Vorschlag Waldseemüllers den Südteil des neuen Kontinents mit „Amerika“ benennen. Aber während der Herausgeber des Ptolemäus von 1522, Thomas Ancuparius, in seiner Vorrede, ohne Columbus überhaupt zu erwähnen, einen Hymnus auf Vespucci anstimmt, wagt Servet als erster gewisse Einschränkungen gegen die allgemeine Überschätzung Vespuccis und die vorgeschlagene Benennung des neuen Erdteils zu machen.

Schließlich sei, schreibt er, Vespucci doch nur als Kaufmann ausgefahren – „ *ut merces suas comutaret*“ – und „ *multo post Columbum*“, lange nach Columbus. Es ist noch eine ganz vorsichtige Äußerung, gleichsam nur ein Räuspern des Protests; auch Servet denkt nicht daran, Vespucci seines Ruhms als Entdecker zu berauben; er möchte nur nicht, daß Columbus ganz übersehen werde. Es ist also noch keineswegs die Antithese Columbus *oder* Vespucci gestellt, noch kein Prioritätsstreit eröffnet; was Servet andeutet, ist nur, daß man sagen sollte: Vespucci *und* Columbus. Aber ohne richtige Beweise in Händen zu halten, ohne genauere Kenntnis der historischen Situation, einzig aus seinem argwöhnischen Instinkt, Irrtümer zu wittern und

Probleme an einer ganz neuen Seite anzufassen, deutet Servet als erster an, daß es bei diesem mit der Wucht einer Lawine über die Welt gestürzten Ruhm Vespuccis nicht ganz mit rechten Dingen zugehe.

Entscheidender Einspruch kann freilich nur von jemandem kommen, der nicht wie Servet in Lyon auf Bücher und ungewisse Nachrichten angewiesen ist, sondern dem verläßliche Kenntnis der faktischen historischen Geschehnisse zugänglich ist. Und es wird eine gewichtige Stimme sein, die sich gegen den Über-Ruhm Vespuccis erhebt, eine Stimme, der sich Kaiser und Könige beugen mußten und deren Wort Millionen gepeinigter, gefolterter Menschen erlöste: die Stimme des großen Bischofs Las Casas, der die Greuel der Conquistadoren gegen die Eingeborenen mit einer so erschütternden Kraft aufgedeckt hat, daß man noch heute seine Berichte nur mit zuckendem Herzen zu lesen vermag.

Las Casas, der ein Alter von neunzig Jahren erreichte, ist Augenzeuge der ganzen Entdeckungszeit gewesen, und dank seiner Wahrheitsliebe, seiner priesterlichen Überparteilichkeit, ein unbedenklicher Zeuge: seine große Geschichte Amerikas ›*Historia general de las Indias*‹, die er 1559 im fünfundachtzigsten Lebensjahre im Kloster von Valladolid begonnen, darf noch heute als die solideste Grundlage der Geschichtsschreibung jener Epoche gelten. 1474 geboren, war er 1502, also noch in der columbianischen Zeit, nach Hispaniola (Haiti) gekommen und hatte als Priester und später als Bischof, abgesehen von mehrmaligen Reisen nach Spanien, sein ganzes Leben bis zu seinem dreiundsiebzigsten Jahre in dem neuen Weltteil verbracht; niemand war also befugter und berufener, ein sachgemäßes und gültiges Urteil über Geschehnisse in der Epoche der Entdeckungen abzugeben.

Auf einer seiner Reisen, von den „Nuevas Indias" nach Spanien zurückkehrend, muß nun Las Casas auf eine jener Landkarten oder jene ausländischen Bücher gestoßen sein, in denen das neue Land mit dem Namen „Amerika“ verzeichnet war. Und wahrscheinlich ebenso erstaunt wie wir, hatte er gefragt: „Warum Amerika?“ Die Antwort, weil Amerigo Vespucci es entdeckt habe, mußte natürlich seinen Argwohn und seinen Zorn erregen, denn wenn irgendjemand, so war *er* im Bilde. Sein eigener Vater hatte Columbus auf der zweiten Fahrt persönlich begleitet, er selbst konnte also bezeugen, daß Columbus nach seinen Worten „der erste gewesen, der die Pforten jenes Ozeans geöffnet, der seit so vielen Jahrhunderten verschlossen gewesen“. Wieso konnte also Vespucci sich rühmen oder gerühmt werden, der Entdecker dieser neuen Welt zu sein? Anscheinend stieß er nun auf das damals übliche Argument, Columbus habe nur die Inseln vor Amerika, die Antillen, entdeckt, Vespucci aber das eigentliche Festland, und dürfe deshalb mit Recht als Entdecker des Kontinents angesprochen werden.

Nun wird Las Casas, der sonst so milde Mann, grimmig. Wenn Vespucci dies behaupte, sei er ein Lügner. Kein anderer als der Admiral habe im Jahre 1498 auf seiner zweiten Reise das Festland als erster bei Parias betreten: dies sei überdies bezeugt durch den feierlichen Eid Alonsos de Hojeda im Prozeß des Fiskus gegen die Erben des Columbus im Jahre 1516. Aber auch sonst habe kein einziger der über hundert Zeugen jenes Prozesses diese Tatsache zu bestreiten gewagt; nach Fug und Recht müßte dies Land „Columba“ heißen. Wieso könne Vespucci also „die Ehre und den Ruhm usurpieren, der dem Adelantado gebühre, und die Leistung sich allein zuschreiben“? Wo und wann und mit welcher Expedition sei er vor dem Admiral auf dem Festland Amerikas gewesen?

Las Casas untersucht nun den Bericht des Vespucci, wie er in der ›*Cosmographiae Introductio*‹ gedruckt ist, um diesen angeblichen Prioritätsanspruch Vespuccis anzufechten. Und nun kommt eine neue groteske Wendung in dieser Komödie der Irrungen, die dem schon reichlich verfitzten Knäuel einen neuen Stoß in eine ganz falsche Richtung gibt. In der italienischen Originalausgabe, in der Vespuccis erste Reise von 1497 geschildert ist, heißt es, er sei an einem Ort namens "Lariab" gelandet. Infolge eines Druckfehlers oder einer eigenwilligen Verbesserung setzt nun die lateinische Ausgabe von St-Dié statt dieses „Lanab" den Ort „Parias" ein, und das gibt den Anschein, Vespucci hätte selbst behauptet, schon 1497 in Parias und somit ein Jahr vor Columbus auf dem Festland gewesen zu sein.

Kein Zweifel also für Las Casas, daß Vespucci ein Fälscher ist, der nach dem Tode des Admirals die gute Gelegenheit benützt hat, sich „in ausländischen Büchern" (denn in Spanien hätte man ihm zu genau auf die Finger gepaßt) als den Entdecker des neuen Kontinents aufzuspielen. Und nun weist Las Casas nach, daß in Wahrheit Vespucci 1499 und nicht 1497 nach Amerika gefahren sei, aber wohlweislich den Namen Hojedas verschwiegen habe. „Was Amerigo geschrieben hat", eifert der redliche Mann, „um sich selbst berühmt zu machen, indem er stillschweigend die Entdeckung des Festlands usurpierte", sei in böser Absicht gewesen und Vespucci somit ein Betrüger.

Es ist eigentlich nur ein Druckfehler der lateinischen Ausgabe, die Einsetzung des Worts „Parias" statt „Lariab" der Originalausgabe, der die Erregung Las Casas' über den angeblich beabsichtigten Betrug verursacht. Jedoch ohne es zu wollen, hat Las Casas an einen heiklen Punkt gerührt, nämlich, daß in allen Briefen und Berichten des Vespucci eine merkwürdige Dunkelheit über die Absichten und tatsächlich erreichten Ziele seiner Reisen herrscht. Vespucci nennt niemals klar die Namen der Befehlshaber der Flotte, seine Daten sind in den verschiedenen Ausgaben verschieden, seine Längenbestimmungen unrichtig; von dem Augenblicke an, da man begonnen hat, die historischen Grundlagen seiner Reisen festzustellen, muß der Verdacht aufkommen, daß aus irgendwelchen Gründen – mit denen wir uns später zu befassen haben werden – der einfache, klare Tatbestand hier absichtlich verdunkelt worden sei. Hier nähern wir uns zum erstenmal dem eigentlichen Vespucci-Geheimnis, das seit Hunderten von Jahren die Gelehrten aller Nationen beschäftigt hat – wieviel in den Berichten von seinen Reisen ist Wahrheit und wieviel Erfindung (oder sagen wir es härter: Fälschung)?

Dieser Zweifel betrifft vor allem die erste der vier Reisen, jene vom 10. Mai 1497, die schon Las Casas angezweifelt hat, und die Vespucci allenfalls eine gewisse Priorität als Entdecker des Kontinents hätte sichern können. Sie ist in keinem historischen Schriftstück erwähnt, gewisse Elemente in ihr sind zweifellos der zweiten Reise mit Hojeda entlehnt. Selbst die fanatischsten Verteidiger Vespuccis konnten kein Alibi für eine Seefahrt Vespuccis in jenem Jahre erbringen und müssen sich mit Hypothesen begnügen, um ihr einen Schatten von Wahrscheinlichkeit zu geben.

Im einzelnen hier die Beweise und Gegenbeweise aus diesen endlosen und schroff kontradiktorischen Diskussionen der gelehrten Geographen anzugeben, würde allein ein Buch füllen; genug, daß drei Viertel von ihnen diese erste Reise als imaginärablehnen, während der Rest seiner ex-offo-Verteidiger Vespucci bei dieser Gelegenheit bald Florida, bald den Amazonenstrom als erster entdecken läßt. Aber da der unermeßliche Ruhm Vespuccis sich größtenteils auf diese erste – höchst zweifelhafte – Reise gründete, mußte der ganze aus Irrtum, Zufall und unbelehrter Nachrednerei getürmte Babelturm ins Wanken geraten, sobald man mit der philologischen Axt an die Fundamente rührte.

Diesen entscheidenden Schlag führt Herrera 1601 in seiner › *Historia de las Indias Occidentales*‹. Der spanische Geschichtsschreiber brauchte nicht lange um Argumente sich zu bemühen, da er Einblick hatte in das damals noch unveröffentlichte Buch des Las Casas, und eigentlich ist es also noch immer Las Casas, der gegen Vespucci eifert.

Herrera erklärt und beweist mit den Gründen des Las Casas, daß die Datierung der „*Quatuor Navigationes*“ eine unwahre sei, daß Vespucci 1499 und nicht 1497 mit Hojeda ausgefahren, und kommt zu dem Beschluß – ohne daß der Angeklagte zu Wort kommen kann–, daß Amerigo Vespucci „listig und absichtsvoll seine Berichte gefälscht habe in der Absicht, Columbus die Ehre zu stehlen, der Entdecker Amerikas gewesen zu sein“.

Der Nachhall dieser Enthüllung ist gewaltig. Wie? schrecken die Gelehrten auf, Vespucci war gar nicht der Entdecker Amerikas? Der weise Mann, dessen maßvoll bescheidene Art wir als vorbildlich bewundert, ein Lügner, ein Betrüger, ein Mendez Pinté, einer dieser verruchten Reiseschwindler? Denn wenn er auch nur eine Reise erlogen hat, warum sollten die andern dann wahrhaftig sein? Welche Schmach – der neue Ptolemäus nichts anderes als ein niederträchtiger Herostrat, der sich tückisch in den Tempel des Ruhms eingeschlichen, um mit einem schurkischen Verbrechen sich Unsterblichkeit zu erkaufen! Welche Schande für die ganze gelehrte Welt, daß man, von seinen Großsprechereien verführt, den neuen Erdteil mit seinem Namen taufte! Wäre es nicht an der Zeit, diesen blamablen Irrtum richtigzustellen? Und ganz ernsthaft schlägt Fray Pedro Simon 1627 vor, „den Gebrauch jedes geographischen Werkes und jeder Karte zu unterdrücken, worin sich der Name Amerika befindet“.

Das Pendel hat zurückgeschlagen. Vespucci ist ein erledigter Mann, und glorreich erhebt sich im siebzehnten Jahrhundert wieder der halb vergessene Name des Columbus. Groß wie das neue Land ersteht nun seine Gestalt. Von allen Taten ist nur seine Tat geblieben, denn die Paläste Montezumas sind geplündert und verfallen, die Schatzkammern Perus geleert, all die Taten und Schandtaten der einzelnen Conquistadoren vergessen; nur Amerika ist Realität, ein Schmuck der Erde, eine Heimstatt für alle Verfolgten, ein Land, das Land der Zukunft.

Welches Unrecht ist getan worden an diesem Manne, welches Unrecht in seiner Zeit und in den Jahrhunderten nach ihm! Columbus wird zur Heldengestalt, alle Unterschätzung, alle Schatten in seinem Bilde werden getilgt, man schweigt über seine schlechte Verwaltung, seine religiösen Phantastereien, und idealisiert sein Leben. Alle Schwierigkeiten werden dramatisch gesteigert: wie die Matrosen schon meutern und er sie mit Gewalt nach vorwärts reißt, wie er in Ketten von einem niedrigen Schurken heimgebracht wird, wie er mit seinem halbverhungerten Kinde in dem Kloster zu Rabida Obdach findet – was vordem zu wenig getan wurde, um seine Tat zu rühmen, wird dank dem ewigen Heroisierungsbedürfnisse fast zu viel getan.

Aber nach dem uralten Gesetz alles Dramatischen und auch Melodramatischen braucht jede heroisierte Gestalt ihren Gegenspieler wie das Licht den Schatten, Gott den Teufel, wie Achilles Thersites und der tolle Träumer Don Quichotte den urgesund realistischen Sancho Pansa. Um das Genie zu zeigen, muß sein Gegensatz angeprangert werden, der irdische Widerstand, die niederen Kräfte des Unverstands, des Neids, des Verrats.

Es werden also die Feinde des Columbus – Bobadilla, ein redlicher, gerechter, unbedeutender Beamter, der Kardinal Fonseca, ein tüchtiger, klarer Rechner – zu böswilligen Schurken geschwärzt. Aber der wahre Widersacher ist jetzt glücklich in Amerigo Vespucci gefunden, und gegen die Columbuslegende entsteht die Vespuccilegende. Da sitzt in Sevilla eine giftige Kröte, geschwollen von Neid, ein kleiner Kaufmann, der gerne als Gelehrter, als Forscher gelten möchte. Aber er ist zu feige, sich je auf ein Schiff zu wagen. Von seinem sicheren Fenster sieht er zähneknirschend zu, wie man den großen Columbus bei seiner Heimkehr bejubelt. Ihm den Ruhm stehlen! Den Ruhm für sich stehlen! Während man den edlen Admiral in Ketten heimschleppt, klaubt und skribelt er sich listig aus fremden Büchern Reisen zusammen.

Und kaum ist Columbus begraben, kaum kann er sich nicht mehr wehren, so schickt diese Hyäne des Ruhms buhlerische Briefe und Berichte an alle Potentaten der Welt, er sei der erste, der eigentliche Weltentdecker, und läßt sie – vorsichtigerweise im Ausland – in lateinischer Sprache drucken. Er wirbt und bettelt bei ahnungslosen Gelehrten irgendwo am anderen Ende der Welt, daß sie den neuen Weltteil nach ihm Amerika nennen mögen. Er schleicht sich heran an den Erbfeind des Columbus, an seinen Bruder im Neid, den Bischof Fonseca, und listet ihm an, daß man ihn, der nichts versteht von Seefahrt, in seiner Schreibstube zum *piloto mayor*, zum Vorstand der Casa de Contratación ernenne, nur damit er die Hand auf die Landkarten legen könne. Damit hat er endlich – diese Dinge werden tatsächlich Vespucci zugeschrieben – die Möglichkeit zu dem großen Betrug; als *piloto mayor*, der die Landkarten zeichnen läßt, kann er unkontrolliert veranlassen, daß überall Amerika, Amerika, Amerika, sein verruchter Name, als Bezeichnung des neuen Landes eingetragen wird in alle Karten und Globen. So wird der Tote, den man zeit seines Lebens in Ketten schlug, noch einmal bestohlen und betrogen von diesem schurkischen Genie des Betrugs; nicht sein Name, sondern der dieses Diebes schmückt jetzt den neuen Weltteil.

Das ist das Bild des Vespucci im siebzehnten Jahrhundert: ein Ehrabschneider, ein Fälscher, ein Lügner. Aus dem Adler, der mit kühnem Blick die Welt überschaute, ist plötzlich ein widrig wühlender Maulwurf geworden, ein Leichenschänder und Dieb. Es ist ein ungerechtes Bild, aber es frißt sich ein in die Zeit. Für Jahrzehnte und Jahrhunderte erstickt Vespuccis Name im Schmutz; Bayle und Voltaire geben ihm jeder einen Fußtritt ins Grab, und jedes Schulbuch erzählt schon den Kindern die Geschichte seiner niederträchtigen Ruhmerschleichung.

Und selbst ein so weiser und bedächtiger Mann wie Ralph Waldo Emerson wird noch drei Jahrhunderte später (1856) unter dem Bann dieser Legende schreiben: „Strange that broad America must wear the name of a thief. Amerigo Vespucci the pickledealer at Seville, whose highest naval rank was boatswain's mate in an expedition that never sailed, managed in this lying world to supplant Columbus and baptize half the earth with his own dishonest name.“

Die Dokumente mengen sich ein

Im siebzehnten Jahrhundert ist Amerigo Vespucci ein erledigter Mann. Der Streit um seinen Namen und um seine Tat oder Untat scheint endgültig erledigt. Er ist entthront, des Betrugs überführt und – trüge nicht Amerika seinen Namen – zu schmachvoller Vergessenheit bestimmt. Aber es beginnt ein anderes Jahrhundert, das nicht mehr bloßem Gerede von Zeitgenossen und überlieferten Gerüchten Glauben schenken will. Geschichtsschreibung wird allmählich aus einem bloßen Chronistentum eine kritische Wissenschaft, welche alle Tatsachen zu überprüfen, alle Zeugnisse zu revidieren sich zur Aufgabe setzt, aus allen Archiven werden die Dokumente geholt, untersucht und verglichen, und so ist es unvermeidlich, daß auch der alte und scheinbar längst entschiedene Prozeß Columbus versus Vespucci wieder aufgenommen wird.

Den Anfang machen seine Landsleute. Sie wollen es nicht wahrhaben, daß der Name dieses Florentiners, dessen Ruhm so lange den ihrer Vaterstadt über die Welt getragen, an den Schandpfahl genagelt bleibe, sie fordern als erste gründliche und unparteiische Revision. Der Abbate Angelo Maria Bandini veröffentlicht 1745 die erste Biographie des florentinischen Seefahrers, ›*Vita e lettere di Amerigo Vespucci*‹. Ihm gelingt es, eine Reihe Dokumente zutage zu fördern; Francesco Bartolozzi schließt sich ihm 1789 mit neuen ›*Ricerche istorico-critiche*‹ an, und die Resultate scheinen den Florentinern derartig ermutigend für die Rehabilitierung ihres Landsmanns, daß der Padre Stanislas Canovai in einer Akademie eine feierliche Lobrede zugunsten des Verleumdeten „*celebro navigator*“ hält, ›*Elogio d' Amerigo Vespucci*‹. Gleichzeitig beginnt man in den spanischen und portugiesischen Archiven Nachschau zu halten, man wirbelt viel Aktenstaub auf, und je mehr man aufwirbelt, um so weniger klar sieht man.

Am unergiebigsten sind die portugiesischen Archive. Kein Wort über eine der beiden Expeditionen, die Vespucci begleitet haben soll. Keine Erwähnung seines Namens in den Rechnungsbüchern. Keine Spur von jenem „*zibaldone*", seinem Reisetagebuch, das er nach seiner Aussage dem König Manuel von Portugal eingehändigt hat. Nichts. Keine Zeile, kein Wort. Und einer der grimmigsten Gegner Vespuccis erklärt dies sofort als gültigen Beweis, daß Amerigo demnach seine beiden Reisen „*auspiciis et stipendio Portugallensium*", „unter Förderung und Finanzbeihilfe Portugals", einfach erlogen habe.

Aber das ist selbstverständlich ein schwachbeiniger Beweis, wenn über einen einzelnen Mann, der Expeditionen weder ausgerüstet noch kommandiert hat, sich nach dreihundert Jahren keine Akten mehr vorfinden. Der größte Portugiese, der Ruhm seiner Nation, Luiz de Camões, ist sechzehn Jahre in portugiesischen Diensten gestanden, er wurde verwundet im Dienste des Königs, und keine amtliche Zeile tut dessen Erwähnung. Er wurde verhaftet und eingekerkert in Indien, aber wo sind die Akten, ja sogar nur die Fakten des Prozesses?

Auch über seine Fahrten findet sich keine Zeile, und ebenso ist das Tagebuch Pigafettas von der doch noch denkwürdigeren Magalhães-Fahrt verschwunden. Wenn also der dokumentarische Ertrag in Lissabon über die wichtigste Epoche in Vespuccis Leben gleich Null ist, so kann man nur erinnern: es ist genau so viel, wie wir von den afrikanischen Abenteuern des Cervantes, den Reisejahren Dantes, der Theaterzeit Shakespeares aus Archiven wissen. Und doch hat Cervantes gekämpft, ist Dante von Land zu Land gewandert und Shakespeare hundertemale auf der Bühne erschienen. Selbst Akten sind nicht immer ein gültiger Beweis, und noch weniger das Fehlen von Akten.

Gewichtiger sind die Florentiner Dokumente. Es werden von Bandini und Bertolozzi drei Briefe Vespuccis an Lorenzo di Medici im Staatsarchiv aufgefunden. Es sind keine Originale, sondern spätere Abschriften einer Kollektion, die sich ein gewisser Vaglienti anlegte, der alle Nachrichten, Briefe und Publikationen über die neuen Entdeckungsreisen in chronologischer Reihenfolge kopierte oder sich kopieren ließ. Von diesen Briefen ist einer unmittelbar auf der Rückkehr von der dritten – der ersten im Auftrage des Königs von Portugal unternommenen – Reise von Kap Verde aus geschrieben. Der zweite Brief enthält dann ausführlichen Bericht über diese sogenannte dritte Reise und damit in Substanz alles, was im › *Mundus Novus*‹ nachher veröffentlicht ist, außer gewissem – sehr verdächtigem – literarischem Aufputz jener Veröffentlichung. All das scheint eine blendende Rechtfertigung der Wahrheitsliebe Vespuccis zu bedeuten: wenigstens seine sogenannte dritte Reise – diejenige, die ihn zuerst durch den › *Mundus Novus*‹ berühmt gemacht – ist nun unwidersprechlich erhärtet, und man könnte ihn schon rühmen als unschuldiges Opfer grundloser Verleumdung.

Aber da findet sich noch ein dritter Brief an Lorenzo di Medici, in dem er – verdammt ungeschickter Mann! – die erste Reise von 1497 als die von 1499 schildert, also genau das zugibt, was ihm seine Gegner vorgeworfen haben, nämlich daß er in der gedruckten Ausgabe seine Reise um zwei Jahre vordatiert hat. Durch diesen seinen eigenen Bericht ist unwiderleglich dargetan, daß er oder irgend jemand anderer aus einer Reise zwei fabriziert hat, und daß der Anspruch, als erster das amerikanische Festland betreten zu haben, frech – und dazu noch ungeschickt – erschwindelt ist. Las Casas' grimmiger Verdacht ist jetzt unwiderleglich wahrgemacht. Diejenigen, die Vespucci als wahrheitsliebenden Mann retten wollen – seine rabiatesten Verteidiger und seine Landsleute in der „ *Raccolta Columbiana*" –, haben keinen anderen Ausweg mehr als den letzten und verzweifeltsten: diesen Brief als eine nachträgliche Fälschung zu erklären.

Wir gewinnen also von den Florentiner Dokumenten abermals das uns schon vertraute Doppelbild von Vespucci, dem ewigen Zwielichtmann: einerseits einen Mann, der in seinen privaten Briefen redlich und bescheiden an seinen Geschäftsherrn Lorenzo di Medici den richtigen Tatbestand berichtet. Und einen zweiten Vespucci der gedruckten Bücher, den Mann des großen Ruhms und des großen Ärgernisses, der sich lügnerisch Entdeckungen und Reisen berühmt, die er nie gemacht hat, und der durch diese Großsprecherei erreichte, daß ein ganzer Erdteil mit seinem Namen getauft wurde. Je weiter der Knäuel der Irrtümer durch die Zeit rollt, um so mehr verwickelt er sich.

Und sonderbar: genau, aber genau dieselbe Divergenz der Tatsachen ergeben die spanischen Dokumente. Man erfährt aus ihnen, daß Vespucci 1492 nicht als großer Gelehrter, nicht als vielgereister Seemann nach Sevilla gekommen, sondern als unbeträchtlicher Angestellter, als „*factor*" des Kaufhauses Juanoto Beraldi, das eine Art Filiale der Medici-Bank in Florenz war und sich meist mit Ausrüstung von Schiffen und Finanzierung von Expeditionen befaßte. Das stimmt zunächst übel zum Nimbus, daß Vespucci als Führer verwegener Entdeckungsfahrten schon 1497 von Spanien ausgefahren sei. Und noch schlimmer: von dieser angeblichen ersten Reise, mit der er Columbus in der Entdeckung des Festlands zuvorgekommen wäre, findet sich in allen Dokumenten nicht die geringste Spur, und somit ist beinahe sicher, daß er im Jahre 1497, statt wie in seinen ›*Quatuor Navigationes*‹ behauptet ist, die Küsten Amerikas zu erforschen, in Wirklichkeit als emsiger Kaufmann in seinem Kontor in Sevilla gesessen hat.

Wiederum scheinen jetzt alle Anschuldigungen gegen Vespucci dokumentarisch gerechtfertigt. Aber sonderbar: in denselben spanischen Akten finden sich gleichzeitig Beweise, die ebenso überzeugend für Vespuccis Rechtschaffenheit sprechen, wie die andern für freche Großsprecherei. Da ist eine Naturalisierungsurkunde, die Amerigo de Vespucci am 24. April 1505 zum spanischen Bürger macht „für die guten Dienste, die er der Krone erwiesen und die er ihr noch erweisen wird". Da ist am 22. März 1508 die Ernennung zum „*piloto mayor*" der Casa de Contratación, zum Leiter des ganzen nautischen Dienstes in Spanien, die ihn anweist, „die Steuermänner im Gebrauch der Meßinstrumente, des Astrolabiums und der Quadranten zu instruieren und sie zu prüfen, ob sie die Theorie gehörig mit der Praxis zu verbinden wüßten", da ist der königliche Auftrag, einen „*padrón real*", eine Weltkarte, anzufertigen, welche in endgültiger Weise alle neuentdeckten Küsten verzeichnen solle, und die von ihm beständig ergänzt und verbessert werden soll. Ist es nun denkbar, daß die spanische Krone, die doch über die ausgezeichnetsten Seeleute der Zeit verfügte, zu einem so verantwortungsvollen Posten jemanden berufen würde, der durch Aufschneidereien und Bücher über erfundene Fahrten jeder moralischen Verläßlichkeit entbehrte?

Ist es wahrscheinlich, daß der Nachbarkönig von Portugal gerade diesen Mann eigens in sein Land berufen würde, um zwei Flotten nach Südamerika zu begleiten, wenn sich nicht Vespucci schon vordem einen besonderen Ruf als nautischer Fachmann erworben hätte? Und ist es nicht ein Zeugnis für seine Rechtschaffenheit, wenn Juanoto Beraldi, in dessen Hause er durch Jahre gearbeitet hat, und der demnach das beste Urteil über seine menschliche Verläßlichkeit haben müßte, auf dem Totenbett just ihn als Exekutor seines Testaments und Liquidator seiner Firma einsetzt? Abermals begegnen wir demselben Kontrast: wo immer eine Urkunde über das Leben Vespuccis vorliegt, rühmt sie ihn als ehrlichen, verläßlichen, kenntnisreichen Mann. Und wo immer wir eine Druckschrift von ihm zur Hand nehmen, finden wir Großsprecherei, Unwahrheiten und Unwahrscheinlichkeiten. Aber kann man nicht ein trefflicher Seefahrer sein und zugleich ein wilder Aufschneider und Übertreiber? Ist es nicht möglich, ein guter Kartenzeichner zu sein und gleichzeitig ein neidischer Charakter, ja gilt Fabelei nicht seit Jahrhunderten als ein Seemannslaster und Mißgunst für nachbarliche Leistung geradezu als eine Fachkrankheit der Gelehrten? Somit brächten alle diese Dokumente Vespucci keinen Beistand gegen die entscheidende Beschuldigung, dem großen Admiral Amerikas Entdeckung heimtückisch wegeskamotiert zu haben. Aber da erhebt sich eine Stimme aus dem Grab, um für Vespuccis Rechtschaffenheit zu sprechen. Und gerade derjenige tritt als Zeuge in dem großen Prozeß Columbus versus Vespucci an Vespuccis Seite, den man am wenigsten als seinen Eidhelfer erwartet hätte: Christophoro Colombo selbst. Ganz kurz vor seinem Tode, am 5. Februar 1505 – also zu einer Zeit, da der › *Mundus Novus*‹ längst in Spanien bekannt sein mußte –, richtet der Admiral, nachdem er schon in einem früheren Schreiben Vespucci als seinen Freund gerühmt, an seinen Sohn Diego den folgenden Brief:

„5. Februar 1505.

Mein lieber Sohn,

Diego Méndez ist am Montag, den 3. dieses Monats von hier abgereist. Seit seiner Abreise habe ich mit Amerigo Vespuchy gesprochen, welcher sich an den Hof begibt, wohin er berufen worden ist, um wegen einiger auf die Seefahrt bezüglicher Gegenstände zu Rate gezogen zu werden. Er hat stets den Wunsch bezeugt, mir angenehm zu sein (él siempre tuvo deseo de me hacer placer), es ist ein rechtschaffener Mann (mucho hombre de bien). Das Glück ist ihm unfreundlich gewesen wie vielen anderen. Seine Mühen haben ihm nicht den Vorteil gebracht, den er mit Recht erwarten konnte. Er geht dorthin (an den Hof) mit dem lebhaften Wunsch, für mich bei gebotener Gelegenheit (si a sus manos está) etwas Günstiges (que redondea mi bien) zu erwirken. Ich weiß von hier aus nicht, ihm genauer anzugeben, worin er uns von Nutzen sein könnte, weil ich nicht weiß, was man von ihm will. Aber er ist entschlossen, zu meinen Gunsten alles zu tun, was ihm zu tun möglich ist.“

Dieser Brief ist eine der überraschendsten Szenen in unserer Komödie der Irrungen. Die beiden Männer, die sich der Unverstand dreier Jahrhunderte immer nur als erbitterte Rivalen vorgestellt, die mit verbissenen Zähnen um den Ruhm kämpften, das neue Land nach sich benannt zu wissen, waren in Wirklichkeit herzliche Freunde! Columbus, dessen mißtrauischer Charakter ihn mit fast allen Zeitgenossen in Konflikt brachte, rühmt Vespucci als langjährigen Helfer und macht ihn zu seinem Anwalt bei Hofe! Sie haben also beide – dies zweifellos der historische Sachverhalt – nicht die leiseste Ahnung gehabt, daß zehn Generationen von Gelehrten und Geographen ihre Schatten gegeneinander hetzen würden in einem Kampf um den Schatten eines Namens. Daß sie Gegenspieler sein sollten in einer Komödie der Irrungen, der eine als der lautere Genius, der von dem andern, dem tückischen Schurken, bestohlen wird. Selbstverständlich kannten sie beide das Wort „Amerika“ nicht, um das dieser Streit aufgezäumt werden sollte, weder Columbus ahnte, daß seine Inseln, noch Vespucci, daß die Küste Brasiliens diesen gewaltigen Kontinent hinter sich barg. Männer von gleichem Metier, beide vom Glück nicht verwöhnt, beide ihres unermeßlichen Ruhms nicht bewußt, verstanden sie einander besser als die meisten ihrer Biographen, die in unpsychologischer Weise ihnen eine damals völlig unmögliche Bewußtheit ihrer Leistung unterschoben: wieder einmal wie so oft zerschlägt hier die Wirklichkeit eine Legende. Die Dokumente haben zu sprechen begonnen. Aber gerade mit ihrer Auffindung und Ausdeutung lodert die große Diskussion um Vespucci nur noch heftiger auf, nie sind zweiunddreißig Seiten Text mit solcher Akribie psychologisch, geographisch, kartographisch, historisch, drucktechnisch auf ihre Glaubwürdigkeit durchackert worden wie die Reiseberichte Vespuccis. Aber das Resultat ist, daß die streitenden Geographen ihr Ja und Nein, Schwarz und Weiß, Entdecker oder

Betrüger jeweils mit gleicher Sicherheit und mit angeblich gleich untrüglichen Beweisen verfechten. Ich stelle hier nur flüchtig zur Erheiterung zusammen, was die verschiedenen Autoritäten in dem letzten Jahrhundert in ihren Thesen über Vespucci behaupteten: Er hat die erste Reise mit Pinzón gemacht. Er hat die erste Reise mit Lepe gemacht. Er ist auf seiner ersten Reise mit einer unbekannten Expedition gesegelt. Er hat überhaupt keine erste Reise gemacht, sie ist erfunden und erlogen. Er hat auf der ersten Reise Florida entdeckt. Er hat gar nichts entdeckt, weil er die Reise gar nicht gemacht hat. Er hat den Amazonenstrom als erster gesehen. Er hat ihn erst auf seiner dritten Reise gesehen und ihn früher mit dem Orinoco verwechselt. Er hat die ganzen Küsten Brasiliens bereits bis zur Magalhãesstraße bereist und benannt. Er hat sie nur zum kleinsten Teil befahren, und die Namen waren vor ihm längst gegeben. Er war ein großer Seefahrer. Nein, er hat nie ein Schiff, nie eine Expedition kommandiert. Er war ein großer Astronom. Niemals – alles was er über die Sternbilder schrieb, ist Unsinn. Seine Daten sind richtig. Seine Daten sind falsch. Er war ein bedeutender Pilot. Er war nichts als ein „beefcontractor“ und ein Ignorant. Seine Angaben sind zuverlässig. Er ist ein professioneller Schwindler, Gaukler und Lügner. Er ist nach Columbus der erste Entdecker und Seefahrer seiner Zeit. Er ist eine Ehre – nein, er ist eine Schande der Wissenschaft. Alles dies wird in den Schriften zu seinen Ungunsten und zu seinen Gunsten mit gleicher Vehemenz und mit einer Unzahl von sogenannten Beweisen behauptet, belegt und begründet. Und so steht man wie vor dreihundert Jahren wieder genau bei der alten Frage: „Wer war Amerigo Vespucci? Was hat er getan, was hat er nicht getan?“ Ist sie zu beantworten? Ist das große Rätsel zu lösen?

Wer war Vespucci?

Wir haben versucht, hier in ihrem chronologischen Ablauf die große Komödie der Irrungen zu erzählen, die sich rund um das Leben Amerigo Vespuccis innerhalb von drei Jahrhunderten entwickelt und schließlich zur Benennung des neuen Weltteils mit seinem Namen geführt hat. Ein Mann wird berühmt, und man weiß eigentlich nicht warum. Man kann je nach Belieben sagen, mit Recht oder mit Unrecht, durch sein Verdienst oder durch Betrügerei. Denn Vespuccis Ruhm ist eigentlich kein Ruhm, sondern ein Nimbus, weil nicht so sehr durch eine Leistung entstanden als durch eine irrtümliche Beurteilung dessen, was er geleistet hat.

Der erste Irrtum – der erste Akt unserer Komödie – war die Einstellung seines Namens auf den Buchtitel ›*Paesi retrovati*‹ gewesen, durch den die Welt vermeinen mußte, Vespucci und nicht Columbus habe diese neuen Länder entdeckt. Der zweite Irrtum – der zweite Akt – war ein Druckfehler, „Parias" statt „Lariab" in der lateinischen Ausgabe, demzufolge man behauptete, nicht Columbus, sondern Vespucci habe das Festland von Amerika als erster betreten.

Der dritte Irrtum – der dritte Akt – war der Irrtum eines kleinen Provinzgeographen, der auf Grund der zweiunddreißig Seiten Vespuccis vorschlug, Amerika nach ihm zu benennen. Bis zum Ende dieses dritten Akts ist wie in einer richtigen Hochstaplerkomödie Amerigo Vespucci der Heros; er beherrscht als makelloser Held, als heroischer Charakter die Szene. Im vierten Akt meldet sich zum erstenmal der Verdacht gegen ihn, und man weiß nicht mehr recht, ist er ein Held oder ist er ein Schwindler. Der fünfte Akt, der letzte, der in unserem Jahrhundert spielt, muß also noch eine unerwartete Steigerung bringen, damit sich der geistreich geschürzte Knoten lockert und am Ende sich alles vergnüglich und endgültig löst.

Nun ist glücklicherweise die Geschichte eine ausgezeichnete Dramatikerin, und wie für ihre Tragödien weiß sie auch für ihre Komödien einen blendenden Abschluß zu finden. Seit jenem vierten Akt wissen wir: Vespucci hat nicht Amerika entdeckt, er hat nicht als erster das Festland betreten, er hat jene erste Reise, die ihn lange zum Rivalen des Columbus machte, überhaupt niemals unternommen. Aber während die Gelehrten auf der Bühne noch streiten, wie viel der anderen Reisen, die Vespucci in seinen Büchern beschrieben, er wirklich gemacht und wieviele nicht, tritt plötzlich ein Mann auf die Szene und bringt die verblüffende These vor, daß nicht einmal jene zweiunddreißig Seiten, so wie wir sie kennen, von Vespucci geschrieben sind, daß diese Schriften, welche die Welt erregten, nichts anderes sind als fremde, unverantwortliche und eigenwillige Kompilationen, in denen handschriftliches Material Vespuccis in gröblichster Weise mißbraucht worden sei. Dieser *deus ex machina* – er heißt Professor Magnaghi – stellt das Problem also ganz neu auf die Beine, indem er es entschlossen zunächst auf den Kopf stellt. Hatten die anderen als selbstverständlich hingenommen, daß Vespucci zumindest die Bücher, die unter seinem Namen gehen, geschrieben habe, und nur bezweifelt, ob er die darin beschriebenen Reisen auch tatsächlich gemacht, so sagt Magnaghi, Vespucci habe zwar Reisen gemacht, aber es sei sehr zweifelhaft, ob er selbst die Bücher in ihrer vorliegenden Form geschrieben.

Nicht er hat sich also unwahrer Leistungen berühmt, sondern in seinem Namen ist Unfug getrieben und geschrieben worden. Wenn wir Vespucci darum richtig beurteilen wollen, so tun wir am besten, seine berühmten beiden gedruckten Schriften, den › *Mundus Novus*‹ und die › *Quatuor Navigationes*‹, beiseite zu legen und uns ausschließlich auf die drei Originalbriefe zu stützen, die von seinen Verteidigern ohne jede richtige Begründung als Fälschungen erklärt wurden.

Diese These, daß man Vespucci für die unter seinem Namen umlaufenden Schriften nicht in vollem Umfange verantwortlich machen dürfe, wirkt zunächst verblüffend. Denn was bleibt von Vespuccis Ruhm, wenn nicht einmal diese Bücher von ihm verfaßt sind? Aber bei genauerem Hinblicken erweist sich Magnaghis These als gar nicht so neu. In Wirklichkeit ist der Verdacht, daß die Fälschung jener ersten Reise nicht von Vespucci, sondern an Vespucci begangen wurde, so alt wie die erste Anschuldigung selbst.

Man erinnert sich, daß es der Bischof Las Casas war, der als erster Vespucci bezichtigte, durch eine vorgetäuschte, in Wirklichkeit aber nie stattgefundene Reise den Namen Amerika an sich gerissen zu haben. Er beschuldigte ihn einer „großen Infamie", eines „raffinierten Betrugs" und einer groben Ungerechtigkeit. Aber wenn man näher auf seinen Text blickt, so begegnet man bei allen diesen heftigen Anwürfen immer einer *reservatio mentalis*. Las Casas brandmarkt zwar den Betrug, aber er schreibt vorsichtigerweise immer von einem Betrug, den Vespucci „oder jene begangen, die seine *Quatuor Navigationes* veröffentlichten". Er läßt also die Möglichkeit offen, daß die falsche Einschätzung Vespuccis ohne seine Teilnahme entstanden sei.

Ebenso hatte Humboldt, der nicht wie die Fachtheoretiker in einem gedruckten Buch schon das Evangelium der Wahrheit erblickte, deutlich den Zweifel einfließen lassen, ob nicht Vespucci in diese ganze Kontroverse geraten sei wie Pontius ins Credo. „Haben nicht vielleicht Sammler von Reisebeschreibungen", fragt er, „diesen Betrug ohne Wissen des Amerigo begangen, oder ist er vielleicht nur eine Folge verworrener Darstellung und ungenauer Angaben?"

Der Schlüssel war also schon geschmiedet, Magnaghi hat nur damit die Tür zu einem neuen Ausblick geöffnet. Seine Erklärung scheint mir logisch die bisher einleuchtendste, weil sie allein alle die Widersprüche, die drei Jahrhunderte beschäftigten, in völlig natürlicher Weise löst. Von Anfang an war psychologische Unwahrscheinlichkeit darin gelegen, daß ebenderselbe Mann in einem Buche eine Reise von 1497 einfach erfand und gleichzeitig in einem handschriftlichen Brief diese Reise ins Jahr 1499 verlegte, oder daß er nach Florenz an zwei verschiedene Leute jenes engen Kreises, in dem doch Briefe von Hand zu Hand gingen, seine Reisen mit verschiedenen Daten und widersprechenden Einzelheiten geschickt haben sollte.

Unwahrscheinlich war es ferner, daß ein Mann, der in Lissabon lebte, diese Berichte gerade an einen Duodezfürsten in Lothringen übersandt haben würde und sein Opus in einem so weltabgelegenen Städtchen wie St-Dié in Druck gehen ließ. Hätte er selbst seine „Werke“ herausgegeben oder herausgeben wollen, so hätte er sich doch zum mindesten der kleinen Mühe unterzogen, die allerkrassesten der ins Auge springenden Unstimmigkeiten vor dem „ *Imprimatur*“ zu beseitigen. Ist es zum Beispiel denkbar, daß Vespucci selber in seinem › *Mundus Novus*‹ in feierlichem Ton – der so gänzlich von seinen handschriftlichen Briefen absticht – an Lorenzo di Medici berichtet hätte, er nenne diese Reise seine dritte Reise, „denn vorher gingen schon zwei andere Reisen, die ich im Auftrag des erlauchten Königs von Spanien nach Westen unternommen habe“. (*Vostra Magnificenza saprà come per commissione de questo Rè d' Ispagna mi partì*.) Denn wem teilt er diese erstaunliche Neuigkeit mit, daß er schon vorher zwei Reisen unternommen habe?

Doch dem Chef seiner Firma, dessen Angestellter und Korrespondent er seit zehn Jahren gewesen, der also auf Tag und Stunde wissen mußte, ob und wann sein Faktor jahrelange Reisen unternommen, und in seinen Geschäftsbüchern auf Heller und Pfennig die Kosten der Ausrüstung und ihr Erträgnis ausweisen mußte. Das wäre so absurd, wie wenn ein Autor seinem Verleger, der seit einem Dutzend Jahre seine Werke in continuo veröffentlicht und mit ihm regelmäßig abgerechnet hat, bei der Übersendung eines neuen Buches die überraschende Mitteilung machte, dies sei nicht sein Erstlingswerk, sondern er habe schon vorher andere Bücher veröffentlicht.

Ähnliche Unsinnigkeiten und Unstimmigkeiten finden sich in den gedruckten Texten beinahe von Seite zu Seite, Unsinnigkeiten und Unstimmigkeiten, die keinesfalls auf Vespucci selbst zurückgehen können. Somit spricht alle Wahrscheinlichkeit für Magnaghis These, daß die drei handschriftlichen Briefe, die man von Vespucci in den Archiven fand, und die bisher gerade von den Verteidigern Vespuccis als unecht abgelehnt wurden, in Wirklichkeit das einzig verläßliche Material sind, das wir von Vespuccis Hand besitzen, während wir die hochberühmten Werke › *Mundus Novus*‹ und die › *Vier Reisen*‹ um der fremden Zusätze, Veränderungen und Entstellungen willen als dubiose Publikationen beurteilen müssen.

Allerdings – die › *Vier Reisen*‹ deshalb schon glatt und klar eine Fälschung zu nennen, wäre wiederum grobe Übertreibung, denn sie verarbeiten zweifellos authentisches Material von Vespuccis Hand. Was der ungenannte Herausgeber getan hat, ist ungefähr dasselbe, was im Antiquitätenhandel geschieht, wenn dort aus einem echten Renaissancekasten unter geschickter Verwertung des Materials durch Einfügung imitierter Stücke zwei oder drei Kästen oder eine ganze Garnitur gemacht werden, was dann zur Folge hat, daß derjenige, der die volle Echtheit der Stücke behauptet, ebenso ins Unrecht kommt wie jener, der sie ein Falsifikat nennt.

Jenem Drucker in Florenz, der vorsichtigerweise seinen Namen auf dem Titelblatt verschweigt, waren zweifellos die Briefe Vespuccis an das Bankhaus Medici – jene drei, die wir kennen, und wahrscheinlich auch andere, die wir nicht kennen – unter die Hand gekommen. Nun wußte dieser Drucker von dem erstaunlichen Erfolg, den der Brief Vespuccis über die dritte Reise, der › *Mundus Novus*‹ davongetragen hatte – nicht weniger als dreiundzwanzig Nachdrucke während weniger Jahre in allen Sprachen! Nichts natürlicher darum, als daß es ihn, der auch die anderen Berichte aus dem Original oder der Abschrift kannte, verlocken mußte, die › *Gesammelten Reisen*‹ Vespuccis in einem neuen Bändchen herauszugeben. Da das vorhandene Material aber nicht ausreichte, um den vier Reisen des Columbus vier Reisen des Vespucci entgegenzustellen, entschloß sich dieser unbekannte Herausgeber, das Material zu „strecken". Vor allem zerlegte er den uns bekannten Bericht über die Reise von 1499 in zwei Reisen, eine von 1497 und eine von 1499, ohne im entferntesten zu ahnen, daß er durch diesen Betrug Vespucci selbst durch drei Jahrhunderte als Lügner und Betrüger brandmarken würde. Außerdem stückelte er noch aus anderen Briefen oder Berichten anderer Seefahrer Einzelheiten an, bis dann dieses mixtum compositum aus Wahrheit und Lüge glücklich fertig war, das durch Hunderte Jahre den Gelehrten Kopfschmerzen und Amerika den Namen Amerika eingetragen hat.

Vielleicht könnte ein Bezweifler dieser These hier einwenden, ob überhaupt ein solcher frecher Eingriff denkbar sei, daß man das Werk eines Autors, ohne ihn zu befragen, mit willkürlichen Erfindungen erweitere. Ein Zufall will nun, daß wir die Möglichkeit eines solchen skrupellosen Vorgehens gerade bei Vespucci erweisen können. Es wird nämlich nur um ein Jahr später, 1508, von einem holländischen Drucker noch eine fünfte Reise Vespuccis gefälscht, und zwar in allerprimitivster Art.

So wie dem ungenannten Herausgeber der › *Vier Reisen*‹ die im Manuskript aufgefundenen Briefe das Material zu seinem Buch, so gibt dem holländischen Drucker die Reisebeschreibung eines Tirolers, Balthasar Sprenger, die im Manuskript kursiert, die erwünschte Gelegenheit zu seiner Fälschung. Er setzt nämlich an der Stelle, wo es im Original heißt: „ *ego, Balthasar Sprenger*", einfach ein: „ *ick, Alberigus*", ich, Amerigo, um das Publikum glauben zu lassen, diese

Reiseschilderung stamme von Vespucci. Und tatsächlich hat diese freche Zuschreibung damit noch vierhundert Jahre später den Vorstand der Geographischen Gesellschaft in London zum Narren gehalten, der 1892 mit großem Pomp verkündete, eine fünfte Reise des Vespucci entdeckt zu haben.

Es kann also wenig Zweifel bestehen – und dies klärt die bisher verworrene Situation –, daß jener erfundene Bericht über die erste Reise und alle anderen Unstimmigkeiten, um derentwillen Vespucci so lange Zeit eines bewußten Betruges bezichtigt wurde, gar nicht auf seine Rechnung zu schreiben sind, sondern auf die skrupelloser Herausgeber und Drucker, die, ohne ihn um Verstattung zu fragen, Vespuccis private Reiseberichte mit allerhand erlogenen Zutaten aufplusterten und dann in dieser Form in Druck gaben.

Aber gegen diese Auffassung, welche die Sachlage eindeutig klärt, erheben seine Widersacher noch einen letzten Einwand. Warum, fragen sie, hat Vespucci, der doch vor seinem Tode 1512 von diesen Büchern gehört haben mußte, die ihm unter seinem Namen eine Reise, die er nie gemacht hatte, zuschrieben, niemals gegen diese Zuschreibung öffentlich protestiert? Wäre es nicht seine erste Pflicht gewesen, fragen sie, ein klares: „Nein, ich bin nicht der Entdecker Amerikas gewesen, und dieses Land führt meinen Namen zu Unrecht“ in die Welt zu werfen? Macht sich derjenige nicht selbst mitschuldig an einem Betrug, welcher gegen einen Betrug, weil er für ihn vorteilhaft ist, keinen Protest erhebt?

Dieser Einwand wirkt auf den ersten Blick überzeugend. Aber wo, muß man fragen, hätte Vespucci protestieren können? Bei welcher Instanz Einspruch erheben? Jene Zeit kannte nicht den Begriff des literarischen Eigentums; alles Gedruckte und alles Geschriebene gehörte allen, und jeder konnte eines anderen Namen und Werk benützen, wie es ihm beliebte.

Wo konnte Albrecht Dürer protestieren, daß Dutzende von Kupferstechern seine marktgängige Signatur „A.D." auf ihre eigenen Machwerke setzten, wo die Autoren des ersten ›König Lear‹ oder des ›Urhamlet‹, daß Shakespeare ihre Stücke genommen und willkürlich verändert? Wo wiederum Shakespeare, daß fremde Stücke unter seinem Namen erschienen? Wo noch Voltaire, daß, wer immer sein mittelmäßiges atheistisches oder philosophisches Pamphlet gelesen haben wollte, es unter seinem weltberühmten Namen drucken ließ? In welcher Weise hätte also Vespucci vorgehen können gegen die Dutzende und Aberdutzende Ausgaben der Sammelwerke, die alle seinen unberechtigten Ruhm in immer neu entstellten Texten durch die Welt schleppten? Das einzige, was Vespucci möglich war, blieb, von Mund zu Mund in seinem persönlichen Kreise seine Schuldlosigkeit darzutun.

Daß er dies aber getan hat, steht außer Frage. Denn 1508 oder 1509 mußten zum mindesten einzelne Exemplare jener Bücher nach Spanien gelangt sein. Ist es nun denkbar, daß der König jemanden, der falsche Berichte über Entdeckungen veröffentlicht, gerade zu der verantwortlichen Stellung ausgewählt hätte, seine Piloten anzuhalten, genaue und verläßliche Berichte abzufassen, wenn dieser Mann nicht vorher persönlich sich von jedem Verdacht hätte befreien können? Und mehr noch. Einer der ersten Besitzer der ›*Cosmographiae Introductio*‹ in Spanien war nachgewiesenermaßen (das Exemplar mit seinen Eintragungen ist noch heute erhalten) Fernando Colombo, der Sohn des Admirals. Er hat das Buch, in dem gegen alle Wahrheit behauptet wurde, Vespucci habe vor Columbus das Festland betreten, nicht nur gelesen, sondern auch mit Anmerkungen versehen, eben jenes Buch, in dem zum erstenmal vorgeschlagen wird, das neue Land Amerika zu benennen.

Aber sonderbar: während Fernando Colombo in der Biographie seines Vaters alle möglichen Männer als Neider seines Vaters angreift, gedenkt er Vespuccis nicht mit einem einzigen unfreundlichen Wort. Schon Las Casas hat sich über dieses Schweigen gewundert. „Ich bin überrascht", schreibt er, „daß Don Hernando Colón, der Sohn des Admirals und ein Mann von gutem Urteil, der, wie ich weiß, diese ›*Navigationes*‹ Amerigos in seinem Besitz hatte, keinerlei Notiz nahm von dem Unrecht und der Usurpierung, die Amerigo Vespucci an seinem erlauchten Vater beging." Aber nichts spricht deutlicher für die Unschuld Vespuccis als das Schweigen des Sohnes über jene unglückliche Zuschreibung, die seinem Vater den Ruhm entwendet, die von ihm entdeckte Welt mit seinem Namen benannt zu sehen: er mußte wissen, daß sie ohne Kenntnis und ohne Willen Vespuccis entstanden war.

Es wurde hier versucht, mit möglichster Objektivität die „ *Causa Vespucci*", die durch so viele Instanzen gegangen, chronologisch in ihrem Ursprung und allen ihren Weiterungen zu erzählen. Die Hauptschwierigkeit, die zu lösen war, bestand in der merkwürdigen Unstimmigkeit zwischen einem Mann und seinem Ruhme, zwischen einem Menschen und seinem Namen. Denn die faktische Leistung Vespuccis entspricht, wie wir wissen, nicht seinem Ruhm und der Ruhm nicht seiner Leistung.

Zwischen dem Mann, der er war, und dem Mann, als der er der Welt erschien, bestand ein so schroffer Gegensatz, daß die beiden Bilder, das Lebensbild und das literarische Bild, nicht zu vereinen waren. Erst sobald wir uns klarmachen, daß sein Ruhm ein Fabrikat fremder Einmengungen und krauser Zufälle gewesen, wird es möglich, seine wirkliche Leistung und sein Leben als eine Einheit zu betrachten und in natürlichem Zusammenhang zu erzählen.

Und so ergibt sich das bescheidenere Resultat neben einem unermeßlichen Ruhm, daß das Leben dieses Mannes, der wie wenige die Bewunderung und den Unwillen der Welt erregt hat, in Wirklichkeit weder ein großes noch ein dramatisches gewesen. Es ist nicht die Biographie eines Helden und nicht die eines Betrügers, sondern nur eine Komödie des Zufalls, in die er ahnungslos verwickelt wird. Amerigo Vespucci ist als der dritte Sohn des Notars Cernastasio Vespucci am 9. Mai 1451, also hundertdreißig Jahre nach Dantes Tod, in Florenz geboren. Er stammt aus einer angesehenen, wenn auch verarmten Familie und genießt die in jenen Kreisen übliche humanistische Ausbildung der Frührenaissance. Er lernt Latein, freilich ohne es jemals in literarischen Formen zu beherrschen, er erwirbt sich bei seinem Oheim Fra Giorgio Vespucci, einem Dominikanermönch von San Marco, gewisse wissenschaftliche Kenntnisse, Mathematik und Astronomie. Nichts deutet bei dem jungen Manne auf besondere Begabungen oder Ambitionen hin.

Während seine Brüder die Universität besuchen, begnügt er sich mit einer kaufmännischen Anstellung im Bankhaus der Medici, das zur Zeit unter der Führung des Lorenzo Piero di Medici steht (der nicht mit seinem Vater Lorenzo il Magnifico verwechselt werden darf). Amerigo Vespucci hat also in Florenz nicht als großer Mann gegolten und noch weniger als ein großer Gelehrter. Die von ihm erhaltenen Briefe an Freunde zeigen ihn mit kleinlichen Geschäften und belanglosen Privatangelegenheiten beschäftigt. Auch im kommerziellen Sinn scheint er es im Hause der Medici nicht weit gebracht zu haben, und nur ein Zufall bringt ihn nach Spanien.

Die Medici haben ebenso wie die Welser, die Fugger und die anderen deutschen und flämischen Kaufleute in Spanien und Lissabon ihre Filialen. Sie finanzieren die Expeditionen in die neuen Länder, sie suchen Informationen zu erlangen und vor allem ihre Gelder an jener Stelle zu investieren, wo sie zur Zeit am dringendsten gebraucht werden. Nun scheint im Kontor der Medici in Sevilla ein Angestellter Unregelmäßigkeiten mit Geldern begangen zu haben, und da Vespucci ihnen – wie jedem andern im Lauf seiner Lebensgeschichte

– als besonders rechtschaffener und verläßlicher Mann erscheint, senden sie diesen ihren kleinen Angestellten am 14. Mai 1491 nach Spanien, wo er in das Filialhaus der Medici-Firma, in das Kaufhaus Juanoto Beraldi eintritt. Auch im Hause Beraldis, der sich hauptsächlich mit der Ausrüstung von Schiffen beschäftigt, ist seine Stellung eine durchaus untergeordnete.

Er ist, obwohl er sich in seinen Briefen „*Merciante fiorentino*" nennt, keineswegs selbständiger Kaufmann mit eigenem Kapital und Wirkungskreis, sondern nur der „factor" Beraldis, der selbst wiederum nur dem Wirkungskreise der Medicis beigeordnet ist. Aber wenn auch keine hohe Position, so erwirbt sich Vespucci doch das persönliche Vertrauen und sogar die Freundschaft seines Vorgesetzten. Als Beraldi im Jahre 1495 dem Todenaheist, ernennt er in seinem Testament Amerigo Vespucci zum Vollstrecker seines letzten Willens, und ihm fällt dann die Aufgabe zu, nach dem Tode Beraldis die Firma zu liquidieren.

Damit steht, nahe seinem fünfzigsten Jahre, Amerigo Vespucci plötzlich wieder mit leeren Händen da. Anscheinend fehlt ihm entweder das Kapital oder die Neigung, das Geschäft Beraldis auf eigene Rechnung weiterzuführen. Was er in diesen nächsten Jahren 1497 und 1498 in Sevilla getan hat, vermögen wir heute nicht mehr festzustellen, denn es fehlen jegliche Dokumente. Keinesfalls – dies bezeugt auch der spätere Brief des Columbus – ist es ihm sonderlich gut gegangen, und dieser Mißerfolg erklärt die plötzliche Wendung in seinem Leben. Zwanzig Jahre und bald dreißig Jahre hat der kluge und fleißige Florentiner als kleiner Angestellter vertan in fremden Geschäften.

Er hat nicht Haus und nicht Weib und nicht Kind. Er steht allein, die Wende des Lebens ist nahe, und er sieht noch nirgends Sicherheit und Halt. Nun gibt diese Zeit der Entdeckungen dem Verwegenen, der sein Leben als Einsatz wagt, eine einzigartige Gelegenheit, mit einem Griff Reichtum und Ruhm an sich zu raffen; es ist eine Zeit für Abenteurer und Wagnisse, wie sie die Welt seitdem kaum wieder gekannt. So entschließt sich genau wie Hunderte und Tausende anderer gescheiterter Existenzen der bisherige kleine und wahrscheinlich bankrotte Kaufmann Amerigo Vespucci, sein Glück auf einer Fahrt nach dem Neuen Indien zu versuchen. Als im Mai 1499 Alonso de Hojeda im Auftrag des Kardinals Fonseca eine Flotte ausrüstet, schifft sich Amerigo Vespucci mit ihm ein.

In welcher Eigenschaft er von Alonso de Hojeda mitgenommen wurde, ist nicht ganz klar. Zweifellos hat sich im täglichen Umgang mit Kapitänen, Schiffsbauern, Warenlieferanten der Faktor der Ausrüstungsfirma Beraldis gewisse Fachkenntnisse erworben. Er kennt ein Fahrzeug vom Kiel bis zur Mastspitze in jedem Detail, außerdem scheint er, als gebildeter Florentiner den meisten seiner Reisegenossen an geistigem Format hundertfach überlegen, schon vorher die Zeit genützt zu haben, sich nautische Kenntnisse anzueignen. Er lernt das Astrolabium handhaben, die neuen Methoden der Längenberechnung, er befaßt sich mit Sternkunde, übt sich in der Anlegung von Karten, so daß anzunehmen ist, daß er entweder in der Eigenschaft eines Piloten oder eines Astronomen und nicht bloß als einfacher Makler diese Expedition begleitet hat.

Aber selbst wenn Amerigo Vespucci damals noch nicht als Pilot und nur als simpler Geschäftsmann diese Expedition begleitet haben sollte: jedenfalls kommt er als erfahrener Fachmann von dieser vielmonatlichen Reise zurück. Ein verständiger Kopf, ein guter Beobachter, ein geübter Rechner, eine neugierige Seele, ein geschickter Kartenzeichner, muß er sich unterwegs besondere Qualitäten in diesen vielen Monaten erworben haben, die ihn in seemännischen Kreisen besonders bemerkbar machen.

Denn wie jetzt der König von Portugal eine neue Expedition vorbereitet in die von Cabral soeben entdeckten Gebiete Brasiliens, an dessen Nordküste auch Vespucci auf Hojedas Fahrt gesegelt, so wendet er sich gerade an Vespucci mit dem Antrag, diese neue in der Eigenschaft als Pilot, Astronom oder Kartenzeichner zu begleiten. Daß der König des Nachbarlandes, der an ausgezeichneten Piloten und Seemännern wahrhaftig keinen Mangel hat, just Vespucci in sein Land beruft, bezeugt unwiderleglich besondere Wertschätzung dieses bisher unbekannten Mannes.

Vespucci zögert nicht lange. Die Reise mit Hojeda hat ihm keinerlei Erträgnis gebracht. Er ist nach all den Mühsalen und Gefahren vieler Monate genau so arm nach Sevilla zurückgekommen, wie er ausgefahren. Er hat keine Stellung, keinen Beruf, kein Geschäft, kein Vermögen; somit bedeutet es keinerlei Untreue gegenüber Spanien, wenn er diesem ehrenvollen Rufe Folge leistet.

Aber auch diese neue Fahrt bringt ihm keinen Gewinn und nicht einmal Ehre ein. Denn sein Name wird bei dieser Expedition ebensowenig genannt wie der des Befehlshabers der Flotte. Die vorgeschriebene Aufgabe dieser Erkundungsfahrt war ausschließlich, möglichst tief die weite Küste entlangzufahren und die ersehnte Durchfahrt zu den Gewürzinseln zu finden. Denn noch immer ist man in dem Wahn befangen, diese Terra de Santa Cruz, auf die Cabral gestoßen, sei nichts als eine Insel mittleren Umfangs, und wenn man sie glücklich umfahren habe, müsse man bei den Molukken, der Quelle alles Reichtums, dem Dorado der Gewürze sein.

Es wird nun das historische Verdienst dieser Expedition, die Vespucci begleitet, daß sie als erste diesen Irrtum berichtigt. Die Portugiesen steuern die Küste entlang zum dreißigsten, zum vierzigsten, zum fünfzigsten Breitengrade. Noch immer nimmt das Land kein Ende. Längst haben sie sich aus den heißen Zonen entfernt, es wird kalt und immer kälter, und schließlich müssen sie die Hoffnung aufgeben, dieses riesige neue Land, das auf dem Wege nach Indien sich wie ein ungeheurer Querbalken in den Weg stellt, zu umfahren. Aber von dieser Fahrt, die immerhin eine der kühnsten und großartigsten Fahrten ihrer Zeit darstellt, und von der Vespucci mit Stolz behaupten darf, sie hätte den vierten Teil der Welt durchmessen, bringt dieser eine unbekannte Mann ungeheuren Gewinn für die geographische Wissenschaft: Vespucci bringt Europa die Erkenntnis, daß dieses neuaufgefundene Land nicht Indien ist und keine Insel, sondern ein „ *mundus novus*", ein neuer Kontinent, eine neue Welt.

Auch die nächste Reise, die Vespucci abermals im Auftrag des Königs von Portugal zum gleichen Zwecke unternimmt, um den Ostweg nach Indien zu finden und also die Tat zu versuchen, deren Gelingen erst einem Späteren, die Magalhães vorbehalten sein wird, gelangt nicht ans Ziel. Zwar steuert die Flotte diesmal noch tiefer hinab und scheint weit über den Rio de la Plata hinausgelangt zu sein, aber sie muß zurück, von Stürmen vertrieben. Abermals landet, nun schon in seinem vierundfünfzigsten Jahr, Vespucci in Lissabon als armer, enttäuschter und – wie er glaubt völlig unberühmter Mann, als einer der Unzähligen, die ihr Glück im Neuen Indien gesucht und es nicht gefunden haben.

Aber inzwischen hat sich etwas ereignet, was Vespucci unter jenen anderen Sternen und auf der anderen Hemisphäre des Erdballs nicht ahnen und erträumen konnte: er hat, er, der kleine, anonyme, arme Pilot, die ganze gelehrte Welt Europas in Aufregung versetzt. Brav und getreulich hatte er jedesmal, wenn er von einer Reise heimkehrte, seinem früheren Brotgeber und persönlichen Freund Lorenzo di Medici in Briefen Bericht erstattet über das, was er auf seinen Reisen gesehen. Er hatte außerdem Tagebücher geführt, die er dem König von Portugal einhändigte, und die ebenso wie die Briefe als durchaus private Dokumente nur zur politischen oder geschäftlichen Information bestimmt waren. Nie aber war ihm der Gedanke gekommen, sich als Gelehrter, als Schriftsteller aufzuspielen und diese Privatbriefe schon als literarisches oder gar als gelehrtes Produkt zu betrachten. Ausdrücklich sagt er, daß er alles, was er schreibe, „*di tanto mal sapore*“ fände, daß er sich nicht entschließen könne, es in dieser vorläufigen Form herauszugeben, und wenn er einmal vom Plan eines Buches spricht, so fügt er gleich bei, daß er es nur „mit Hilfe gelehrter Männer“ verfassen wolle.

Nur, wenn er einmal zur Ruhe gekommen sein werde, „*quando sarò de reposo*“, würde er versuchen, mit Hilfe gelehrter Männer ein Buch über seine Reisen zu verfassen, um dann nach seinem Tode ein bißchen Ruhm, „*qualche fama*“, zu erlangen. Aber ohne daß er es weiß und gewiß ohne daß er es beabsichtigt, ist er gleichsam hinterrücks in jenen Monaten auf fremden Meeren zu dem Nimbus des gelehrtesten Geographen der Zeit und eines großen Schriftstellers gelangt. Unter dem Titel ›*Mundus Novus*‹ ist in einer, wahrscheinlich sehr frei redigierten und auf Gelehrsamkeit stilisierten Form jener Brief, den er handschriftlich über die dritte Reise an Lorenzo di Medici gerichtet, ins Lateinische übersetzt worden und hat, kaum im Druck erschienen, ungeheure Sensation erregt.

In allen Städten und Häfen weiß man nun, seit diese vier gedruckten Blätter in die Welt geflattert sind, daß diese neuentdeckten Länder nicht Indien sind, wie Columbus vermeinte, sondern eine neue Welt, und es ist Alberigus Vespuccius, der als erster diese wunderbare Wahrheit verkündet. Aber derselbe Mann, der ganz Europa als vielwissender Gelehrter gilt und als der kühnste aller Seefahrer, weiß nichts von seinem Ruhm und bemüht sich ganz simpel, endlich einmal eine Stellung zu finden, die ihm verstattet, ein bescheidenes, stilles Leben zu fristen. Als älterer Mann hat er sich verheiratet und ist endgültig müde der Geschäfte, der Abenteuer, der Reisen. Endlich, im siebenundfünfzigsten Jahr seines Lebens, erfüllt sich sein

Wunsch. Er erlangt, was er zeitlebens ersehnt: eine kleine, eine ruhige, eine friedlich-bürgerliche Existenz als Chefpilot der Casa de Contratación mit erst fünfzigtausend und später fünfundsiebzigtausend Maravedís Gehalt. Seitdem ist der neue Ptolemäus in Sevilla ein Beamter unter vielen anderen angesehenen Beamten des Königs, nicht minder und nicht mehr.

Hat Vespucci in diesen letzten Jahren seines Lebens erfahren, wieviel Ruhm sich unterdessen aus Mißverständnissen und Irrtümern um seinen Namen weiter gesponnen? Hat er jemals geahnt, daß man das neue Land jenseits des Ozeans nach seinem Vornamen benennen will? Hat er gekämpft gegen diesen ungerechtfertigten Ruhm, hat er ihn belächelt, oder hat er nur still und bescheiden einige seiner nächsten Freunde wissen lassen, daß sich nicht alles so verhielt, wie es in jenen Büchern steht? Wir wissen darüber nur eines, nämlich, daß dieser ungeheuerliche Ruhm, der wie ein Orkan über Berge, über Meere, über Länder und Sprachen braust und schon hinübergreift in die andere, die neue Welt, seinem Leben nicht den mindesten greifbaren Ertrag gebracht.

Vespucci bleibt so arm wie am ersten Tage, da er nach Spanien kam, so arm, daß, als er am 22. Februar 1512 stirbt, seine Witwe flehentliche Gesuche einbringen muß, damit man ihr die allernotdürftigste Pension von zehntausend Maravedís im Jahr bewillige. Das einzig Kostbare seiner Hinterlassenschaft, die Tagebücher seiner Reisen, die allein uns die ganze Wahrheit erschließen könnten, fällt an seinen Neffen, der sie so schlecht hütet, daß sie, wie so viele andere kostbare Aufzeichnungen aus der Entdeckerzeit, uns für immer verloren sind. Nichts bleibt, als ein zweifelhafter und ihm gar nicht recht zugehöriger Ruhm von der Mühe dieser stillen und verborgenen Existenz.

Man sieht: dieser Mann, der vier Jahrhunderten eines der kompliziertesten Probleme zu lösen gegeben, hat im Grunde ein durchaus unkompliziertes und unproblematisches Leben geführt. Resignieren wir uns festzustellen: Vespucci war nicht mehr als ein Mann von mittlerem Maß. Nicht der Entdecker Amerikas, nicht der „*amplificator orbis terrarum*", aber anderseits auch nicht der Lügner und Betrüger, als den man ihn gescholten. Kein großer Schriftsteller, aber auch keiner, der sich einbildete, als solcher zu gelten.

Kein großer Gelehrter, kein tiefsinniger Philosoph, kein Astronom, kein Kopernikus und Tycho de Brahe; vielleicht ist es sogar gewagt, ihn in die erste Reihe der großen Seefahrer oder Entdecker zu stellen. Denn nirgends war ihm durch ein unfreundliches Geschick wirkliche Initiative verstattet. Ihm wurde weder wie Columbus noch wie Magalhães eine Flotte anvertraut, immer, in allen Berufen und Stellungen, war er an das Subalterne gebunden, unfähig zu erfinden, zu entdecken, zu befehlen oder zu führen. Immer war er nur in der zweiten Reihe, immer im Schatten von anderen.

Wenn trotzdem das strahlende Licht des Ruhms gerade auf ihn gefallen ist, so geschah es nicht durch besonderes Verdienst, nicht durch besondere Schuld, sondern durch Fügung, durch Irrtum, durch Zufall, durch Mißverständnis; es hätte ebensogut einen anderen Briefschreiber von derselben Reise treffen können oder den Piloten auf dem Nachbarschiff. Aber die Geschichte erlaubt nicht zu rechten, sie hat gerade ihn gewählt, und ihre Entscheidungen, selbst die irrigen und ungerechten, sind unwiderruflich. Durch zwei Worte – *Mundus Novus* –, die er oder jener unbekannte Herausgeber über seinen Brief gesetzt, und durch die › *Vier Reisen*‹ – ob er sie nun alle gemacht hat oder nicht – ist er eingefahren in den Hafen der Unsterblichkeit.

Sein Name ist nicht mehr zu löschen aus dem glorreichsten Buch der Menschheit, und vielleicht am besten ist seine Leistung innerhalb der Erkenntnisgeschichte unserer Welt umschrieben mit dem Paradox, daß Columbus Amerika entdeckt, aber nicht erkannt hat,

Vespucci es nicht entdeckt, aber als erster als Amerika, als einen neuen Kontinent erkannt. Dies eine Verdienst bleibt an sein Leben, seinen Namen gebunden. Denn nie entscheidet die Tat allein, sondern erst ihre Erkenntnis und ihre Wirkung. Der sie erzählt und erklärt, kann der Nachwelt oft bedeutsamer sein als der sie geschaffen, und im unberechenbaren Kräftespiel der Geschichte vermag oft der kleinste Anstoß die ungeheuersten Wirkungen auszulösen. Wer von der Geschichte Gerechtigkeit erwartet, fordert mehr, als sie zu geben gewillt ist: oft teilt sie dem einfachen, dem mittleren Manne Tat und Unsterblichkeit zu und wirft die Besten, die Tapfersten und Weisesten ungenannt ins Dunkel.

Dennoch: Amerika braucht sich seines Taufnamens nicht zu schämen. Er ist der eines rechtschaffenen und mutigen Mannes, der noch in seinem fünfzigsten Jahr sich dreimal auf winzigem Schiff über den noch nicht ergründeten Ozean ins Unbekannte wagte als einer jener „unbekannten Matrosen", die damals zu Hunderten ihr Leben wagten an Abenteuer und Gefahr. Und vielleicht ist sogar der Name eines solchen mittleren Menschen, der Name eines Mannes aus der anonymen Schar der Tapferen gemäßer einem demokratischen Lande als der eines Königs und Conquistadors und sicher gerechter, als wenn man Amerika Westindien genannt hätte oder Neuengland oder Neuspanien oder Heiligkreuzland.

Nicht der Wille eines Menschen hat diesen sterblichen Namen hinübergetragen in die Unsterblichkeit; es war der Wille des Schicksals, das immer Recht behält, auch wo es scheinbar Unrecht tut. Wo dieser höhere Wille befiehlt, müssen wir uns fügen. Und so gebrauchen wir heute das Wort, das ein blinder Zufall in heiterem Spiele ersonnen, schon selbstverständlich als das einzig wahre und denkbare: das klingende, das schwingende Wort „Amerika".